Enfermer ou Guérir

Lire le Dix-huitième Siècle

N° 5

©   Publications de l'Université de Saint-Étienne, 1991
35, rue du 11 Novembre, 42023 Saint-Étienne
ISBN   2-902301-20-0

Société française d'Étude du XVIIIᵉ siècle

Enfermer ou Guérir

*Discours sur la folie
à la fin du Dix-huitième siècle*

Textes choisis et présentés par
Claude Wacjman

Publications de l'Université de Saint-Étienne

1991

L. Bailly, *Consultation de médecins*

Préface

Sous la pression de Mazarin, qui perçoit que l'accaparement de l'action sociale par des tiers privés pourrait porter atteinte au pouvoir centralisé du Roi (telle celle exercée par la Compagnie du Saint-Sacrement), le jeune Louis XIV promulgue l'Édit de 1656 qui crée l'Hôpital Général et ordonne le renfermement en son sein des mendiants, des pauvres, des infirmes et des fous. Colbert surveillera ensuite étroitement l'exécution de cette mission, vouée à un échec que par la suite les textes ultérieurs de rappel ne pourront jamais rattraper. A Paris, la Salpêtrière et Bicêtre seront les principaux établissements de cette nouvelle institution. C'est également à ce principe et sur le même modèle conceptuel, qu'on doit l'érection de l'établissement des Invalides, où seront reclus les déchets humains des guerres du royaume.

On considère ici l'institution qui a permis de mettre fin aux activités du Grand Bureau des Pauvres, et qui va évoluer par la suite pour faire en sorte que l'Hôpital Général, qui favorise la réclusion, permettra à la médecine s'affirmant dans ses murs, de prendre en charge et de traiter les insensés. Il ne s'agit donc pas d'un mouvement de réforme d'une institution existante, mais bien de la construction de modalités de garde qui se transformeront peu à peu en soins. Ces soins seront dès lors dispensés sous le contrôle de l'État, en France comme en Angleterre. Puis ils seront modélisés dans tous les pays occidentaux entre le XVIIIᵉ et le XIXᵉ siècle.[1]

Le dernier quart du XVIIIᵉ siècle a connu des événements d'une richesse historique incomparable. C'est dans cette période aussi que se sont instituées des pratiques et des réflexions sur l'être humain et le citoyen, sur l'homme mécanique et sa fonctionnalité physiologique. Ces questions et les découvertes qui leur sont liées se sont traduites par la mise en œuvre des politiques de santé publique et des politiques sociales, dont les grands textes qui régissent aujourd'hui la santé mentale en France portent la marque originelle. Le but de cet ouvrage est de proposer à son lecteur un choix de textes fondamentaux qui, de 1785 à 1800, sont représentatifs des jalons de la réflexion administrative et médicale dans un champ aux bornes imprécises, fluctuantes, déplaçables ou ancrables à merci : la folie, qui est abordée aujourd'hui par la diversité des maladies mentales. C'est précisément *cette période qui va permettre, à travers les nombreuses recherches nosologiques dans le domaine du vivant, de classifier et d'ordonner, de connaître et de savoir. Il suffit de rappeler les travaux de Boissier de Sauvages, Cullen, Linné, Pinel, Sydenham, jusqu'à ceux de Cuvier, pierre de touche de ceux relatifs aux questions sur l'origine de l'homme. Dans ce cadre va peu à peu s'élaborer le concept de la maladie mentale au sens général, différent de celui, plus ancien, de folie par possession. La folie quitte le domaine de l'irrationnel religieux, de la possession moyenâgeuse. Si elle devient maladie, c'est pour concevoir dès le XVIIIᵉ siècle qu'il n'y a pas d'unicité de la maladie mentale, et construire au XIXᵉ siècle un système de représentation des maladies mentales. On savait déjà qu'il existait des fièvres et non pas seulement de la fièvre, dans les affections que l'on sait aujourd'hui infectieuses. Cette découverte ancienne de la nature polysémique du rythme des fièvres conduira, par les conceptions physiologistes, à une meilleure compréhension de la marche des maladies à travers l'étude de la variation du niveau de la température interne du corps.*[2]

L'importance de l'étude de la nature des fièvres en pathologie mentale servira à déterminer l'étiologie de certains troubles, et à proposer que certaines manifestations ne soient plus considérées comme folie, sous prétexte que leur tableau énonce la présence de formes délirantes. Sur le plan médical aussi bien que sur le plan administratif — et dans ce cas les médecins insisteront toujours sur le lien indispensable qui existe entre ces deux plans — en vingt-cinq années se déroule une période de fondation et d'essor de ce qui deviendra au XIXᵉ siècle une nouvelle discipline médicale : l'aliénisme.[3]

*Quatre textes sont présentés dans ce recueil. Pourquoi a-t-on choisi particulièrement ceux-là ? Tout d'abord pour leur cohérence interne. Chacun est documenté, réfléchi. Ensuite pour leur complémentarité. Ils constituent un ensemble qui permet de comprendre ce qui a permis la prise en charge administrative des malades mentaux, en même temps qu'il devenait possible de considérer chacun d'entre eux comme une individualité exprimant une souffrance. Deux textes importants sont à considérer. Sans eux rien n'aurait pu s'instituer de la façon qui a été vécue. Le premier est l'*Instruction sur la manière de gouverner les insensés *de Colombier et Doublet. Publiée en 1785, cette instruction est le premier texte d'orientation administrative en France, concernant une population de malades mentaux déterminée et contrôlée. Certains aspects des traitements alors en vigueur y sont décrits. Le second texte est annonciateur des progrès de prise en charge des malades et de leur maladie en 1800. C'est le* Traité médico-philosophique sur l'aliénation mentale ou la *manie de Philippe Pinel. On donne ici l'intégralité du premier de ces textes. Toujours cité, son existence est connue de tous ceux qui s'intéressent à cet aspect historique. Mais il est peu accessible car il n'a pas été réédité. Voici donc l'occasion de le faire connaître aux historiens et aux littéraires, aussi bien que de le mettre à la disposition des actuels étudiants ou professionnels de la santé mentale. Le second texte est plus accessible matériellement, car il a été réédité à plusieurs reprises. La diffusion quasi confidentielle de ces rééditions et la complémentarité au texte de Colombier et Doublet ont fait pencher pour que seul son cinquième chapitre soit à nouveau imprimé ici. Il apporte comparativement des précisions sur l'évolution de la conception des soins entre 1785 et 1800. Il permet de se rendre compte de la différence qui existait entre le traitement traditionnel de la folie à l'Hôtel-Dieu de Paris et la thérapeutique du traitement moral appliqué à Bicêtre.*

On a cru bon d'ajouter à ces deux textes fondateurs, deux autres, issus de la période révolutionnaire la plus dure, la plus dense. Ils viennent compléter la compréhension qu'on peut avoir des deux premiers. Ils décrivent les questions sociales du moment. Certains de leurs aspects concernent la construction à plus long terme des raisonnements qui prévaudront en France sur le plan de l'assistance aux aliénés. Ces textes sont moins connus. Celui de Guillaume Daignan est même relativement ignoré.[4] De ses Réflexions d'un citoyen *on a extrait le chapitre sur la santé, le plus propre à situer les enjeux de santé publique (on dira quelque temps plus tard : de salubrité), dans lesquels les questions de santé mentale prennent leur place. Le second de ces textes est celui de Cabanis. Il doit être le plus connu d'un public rompu à l'étude du XVIIIe siècle. Tiré d'un recueil d'articles publié en 1803 sous le titre* Du degré de certitude de la médecine, *il est une rédaction actualisée des rapports de Cabanis à la Commission des Hôpitaux de Paris, entre 1791 et 1793. On a choisi d'en présenter ici un extrait, "Des maisons publiques et charitables de fous". La réflexion entreprise dans ce texte sera la base des institutions de santé mentale, dont les principales seront reprises dans la loi de 1838 sur les aliénés.[5]*

Il est primordial de constater combien ces quatre textes du XVIIIe siècle fondent notre psychiatrie actuelle. Entre leur publication et la promulgation de la loi du 30 juin 1838, rien de tout ce qui a été écrit ou proposé ne s'est imposé ou n'a été appliqué, sur les plans administratif et thérapeutique. Puisqu'une loi a été promulguée, on a pu enfin faire paraître des projets de modification ou d'abrogation, presque dès le jour de sa parution ! Jusqu'à la loi du 27 juin 1990, qui modifie certaines pratiques de constatation des troubles mentaux et rénove le vocabulaire en conservant les principales dispositions de son aînée, peu de choses nouvelles ont été instituées en France, si on excepte la loi de 1975 sur les personnes handicapées et le *travail extra-hospitalier de secteur. Mais c'est là un autre problème, ou une autre histoire, si on considère la destinée des personnes prises en charge par les établissements médico-sociaux, ou celle des personnes prises en charge par les secteurs de psychiatrie.*

L'époque

Cette période est exaltante, foisonnante d'événements et d'idées. Pour mieux situer et comprendre les textes publiés ici, il faut rappeler ce qui s'est passé en France entre 1780 et 1800, en ne retenant que ce qu'il est convenu de nommer aujourd'hui les politiques sociales. On comprendra aisément que c'est une détermination du champ à étudier, et non pas une réduction de la période considérée.

Dans la tourmente révolutionnaire les événements sociaux ou médicaux sont ceux qui passent le plus souvent inaperçus, en regard des événements politiques ou épiques. Pourtant leur portée est considérable pour les institutions de santé mentale qui seront forgées et pérennisées par le XIXᵉ siècle. La place et le rôle de l'État se jouent à ce moment-là. Vont se déterminer non seulement les règles et les méthodes, mais aussi et surtout la mesure de la grandeur de l'État face aux politiques mises en place dans le même domaine par les autres nations européennes. Plusieurs hommes politiques ou médecins influents rappelleront régulièrement du XVIIIᵉ au XIXᵉ siècle que c'est à considérer ses politiques d'assistance et de soin qu'on mesure la grandeur d'un État. Dans ce cadre, quelques éléments doivent donc être rappelés et mis en lumière vis-à-vis du sujet qui nous retient ici. La situation des hôpitaux et celle de l'enseignement de la médecine seront successivement examinées.

Le souci moderne d'assistance aux pauvres se traduit par la mise en place du système hospitalier, destiné à prodiguer des soins dont le coût est supporté par l'État. Les hôpitaux généraux sont ce qu'il conviendra plus tard de nommer les hospices, lieux du renfermement administratif, alors que les Hôtels-Dieu, en principe installés dans chaque ville de quelque importance, sont les établissements où sont prodigués les soins, et où l'on vient parfois mourir d'avoir été "soigné". Il faut remonter au début du règne de Louis XVI pour trouver dans l'action sociale de Turgot, auquel va succéder Necker, les prémices du passage du renfermement aux soins.[6] C'est le début des appels et des renvois de ce grand commis de l'État jusqu'à sa démission en 1790. En 1780 Necker nomme Jean Colombier et François Doublet à l'Inspection générale des Hôpitaux civils et des

Maisons de force du Royaume. Cette même année, il fait promulguer un édit pour que les hôpitaux qui ont des dettes vendent leurs immeubles. Généralement gérés par des congrégations ou par des organismes publics, c'est une occasion pour eux d'assainir leur situation financière, et c'est une occasion pour le pouvoir de planifier la construction de bâtiments aérés et salubres pour remplacer ceux qui sont vétustes. Entre 1785 et 1788, Jacques Tenon, médecin et futur député à l'Assemblée législative, est chargé d'établir un rapport sur les hôpitaux, qu'il rédige dans une optique de médecine sociale. C'est son Mémoire sur les hôpitaux de Paris *qui fait le recensement des malades mentaux hospitalisés dans la capitale. Il conclut au bénéfice du traitement dispensé à l'Hôtel-Dieu, sans s'attarder sur les thérapeutiques usitées dans d'autres établissements. Dès le début de la Révolution, les hôpitaux sont dans une situation qui va en s'aggravant par rapport à celle qu'ils ont connue auparavant. L'abolition des privilèges les prive de leurs ressources habituelles, qui étaient fondées sur des prélèvements fiscaux leur étant particulièrement destinés. Liancourt[7] avait pourtant demandé à la Constituante de prêter attention à ce problème. Président du Comité de mendicité, membre de la toute nouvelle Société philanthropique, il soulève des questions sur le contrôle des budgets et de la comptabilité des hôpitaux. Il établit qu'à Paris 4/5 des fonds sont utilisés pour les employés, alors qu'un cinquième va aux pauvres. Il préconise pour des raisons d'efficacité et de réduction des coûts, de soigner une grande partie d'entre eux à domicile. En novembre 1790 il sera à l'origine d'un projet détaillé de réorganisation de l'assistance, qui ne verra pas le jour. Mais la plus grande misère des hôpitaux aura lieu durant la Convention.*

Auparavant, le 12 septembre 1790, le docteur Guillotin fait prendre un décret sur la création d'un Comité de santé (devenu Comité de salubrité). Liancourt s'y oppose fermement. Pourquoi les attributions de ce Comité de santé seraient-elles différentes de celles du Comité de mendicité ? Avant que ces deux comités soient fondus en un seul Comité de secours par l'Assemblée législative, ils se partagent les compétences : Liancourt préside aux destinées des hôpitaux, Guillotin jetant principalement son dévolu sur les problèmes de formation des professions de santé. En 1792 les congrégations enseignantes et hospitalières sont supprimées. Le personnel fait défaut et il faut recourir à divers subterfuges pour continuer à employer sous d'autres statuts les mêmes personnes.[8] Cette même année, les massacres de septembre perpétrés sur des prisonniers, auront quelques répercussions sur les insensés qui furent, comme à Bicêtre, victimes de cette même violence. On a exagéré le nombre des victimes à Bicêtre, confondant les prisonniers avec les malades. Il reste pourtant évident que des malades ont été victimes de ces journées sanglantes. Deux ans plus tard, le 5 thermidor an III (2 juillet 1794) voit la mise en vente des biens des hôpitaux qui, lorsqu'ils n'auront pas été cédés, leur seront restitués le 9 fructidor an III (26 août 1795). Dans cette tourmente, la Maison de force de Charenton se trouve fermée de 1795 à 1797. Sa réouverture la consacrera comme établissement hospitalier auprès de Bicêtre et de la Sapêtrière. Auparavant l'activité des hôpitaux civils et des hôpitaux militaires se désorganise. Leur activité est confondue et les civils se sentent menacés par l'emprise des militaires. Les guerres de la Révolution vont accroître cette main-mise par l'afflux des soldats blessés qui seront hospitalisés prioritairement. Ce n'est que le 16 vendémiaire an V (7 octobre 1796) que les hôpitaux civils seront réorganisés. On vient dans le même temps de repenser la formation des médecins.

L'enseignement de la médecine

La fondation par Louis XV de l'Académie de chirurgie, en 1731, marque la subordination de cet art à celui de la médecine. On est Maître en chirurgie, après un long apprentissage. On devient Docteur en médecine, ou mieux encore Docteur régent auprès d'une faculté célèbre après des études plus longues. Peu avant la Révolution, Necker avait conçu le projet de dénombrer les officiers de santé exerçant en France, et les malades à qui ils avaient à faire. A cette époque on désignait par ce terme d'officier de santé les deux professions de chirurgien et de médecin. Plus tard, en 1803, on décidera de la création d'une nouvelle branche professionnelle, plus rapidement formée et moins qualifiée, les officiers de santé intervenant dans les endroits les plus reculés, où l'appel au médecin n'était pas habituel. Il faut donc se référer à cette date pour interpréter l'usage du terme.

Les Cahiers de doléances et les réponses aux enquêtes du Comité de salubrité sur l'état de la médecine en France ont renvoyé une mauvaise image de la façon dont était perçu l'exercice de la médecine. Dans le courant de l'été 1791, le Comité de salubrité élabore un projet de décret sur lequel l'Assemblée constituante n'a jamais délibéré. Il instituait l'unité de la médecine et de la chirurgie, supprimait les facultés de médecine et créait des Écoles de médecine à Bordeaux, Montpellier, Paris et Strasbourg. Ces propositions seront reprises lorsque la dégradation sera patente.

Cette dégradation est provoquée par les effets pervers de quelques textes législatifs et réglementaires. Le décret du 2 mars sur les patentes, dit loi d'Allarde, institue la liberté d'exercice des professions. Nombreux sont ceux qui décident alors d'exercer la médecine. Le charlatanisme est en forte augmentation. Le 14 juin 1791 la loi Le Chapelier, en abrogeant les corporations, supprime l'organisation de la formation pratique sur le terrain clinique des chirurgiens et des médecins. Enfin, en 1793, les structures morales, administratives et scientifiques que sont les Académies sont supprimées, ainsi que les Universités, en attendant une nouvelle organisation de l'Instruction publique. Une proposition en ce sens sera faite par Condorcet, dont on sait qu'elle ne fut jamais examinée.[9] Après la Terreur, le décret du 14 frimaire an III (4 décembre 1794) fonde les Écoles de santé de Montpellier, Paris et Strasbourg. Elles ouvriront effectivement le 1ᵉʳ pluviôse an III (20 janvier 1795), et seront transformées en écoles de médecine en 1797. C'est Antoine-François Fourcroy qui est à l'origine de ce décret qui va permettre le relèvement de l'enseignement médical en France.[10] Successeur de Marat à la Convention, il participe aux travaux du Comité d'instruction publique. Il réaffirme que la médecine et la chirurgie doivent être considérées comme les deux branches d'une même science. Enfin, la loi du 19 ventôse an XI (10 mars 1803) stipule l'obligation de détention d'un diplôme pour exercer une profession de santé. C'est à ce moment que, sous l'impulsion de Cabanis, on distingue les grades de docteur et d'officier.

Ces dispositions touchant à l'organisation des hôpitaux et à la réforme des études médicales marquent, en ce qui concerne les insensés, la sortie de la période de simple réclusion et l'entrée dans la période des soins, par le biais du traitement moral. L'évolution de la législation aide à se départir du carcan imposé par les règles qui ont présidé au fonctionnement de l'Hôpital Général. L'assistance est dissociée des soins, même si les deux entités ont toujours à faire avec les médecins, sinon avec la médecine. Tout d'abord, en 1791, un train de lois organise la police municipale et correctionnelle, le Code d'instruction criminelle et le Code pénal. Ensuite, 1793 voit réglementer l'organisation des secours charitables, l'assistance aux enfants trouvés et aux filles-mères, les lois sur l'adoption des enfants mineurs et sur les enfants naturels. C'est en 1794 que sont promulguées les lois sur les héritages et sur l'interdiction de la mendicité. Les dispositions discrétionnaires du renfermement sont socialisées ou pénalisées.

Les auteurs, leurs textes

Jean Colombier *(1736-1789). Médecin, il soutient sa thèse sous la présidence de Fourcroy :* De usu et abusu chimiae in medicinâ. *Il écrit en 1767 un opuscule ayant pour titre :* An melancholicis peregrinatio. *En 1771, avec deux de ses condisciples, Guilbert et Bourru, il se met en tête de proposer à la pratique un système de médecine à l'abonnement, auquel il renonce devant le scandale déclenché ! Ensuite, rapporteur du Conseil de santé des hôpitaux militaires, il se consacre à des ouvrages de médecine militaire : le* Code de médecine militaire, pour le service à terre, *de 1772 ; les* Précepte sur la santé des gens de guerre, ou hygiène militaire, *de 1775. Il souhaite que la médecine militaire fasse l'objet d'un enseignement particulier dans des écoles de santé spécifiques. Il dirige l'aménagement de l'hôpital Necker, nouvellement construit, et assiste Mme Necker dans l'exécution de ses œuvres de charité. En 1777 il propose un plan de reconstruction de l'Hôtel-Dieu de Paris, devenu insalubre,[11] dans lequel se trouverait une salle spécialement réservée aux opérations chirurgicales. Féru de lectures rousseauistes, il préconise une hygiène infantile et une éducation physique particulièrement adaptées.[12] Il essaie de mettre en œuvre ces préceptes auprès des jeunes mères et des nourrices vénériennes qui sont soignées avec leurs enfants à l'hospice de Vaugirard. Necker le nomme en 1780 Inspecteur général des Hôpitaux civils et des Maisons de force. Il parcourt la France entière pour réaliser sa mission d'inspection. Chaque hôpital visité fait l'objet d'un rapport qui comporte un historique, la composition du bureau d'administration, une appréciation sur sa gestion. Il remarque la façon dont sont tenues les salles des malades, la salubrité, le nombre de malades, le nombre des employés. La nourriture, le service médical, l'état de la lingerie et de la pharmacie ne lui échappent pas. La fin du rapport est consacrée à quelques observations et à la proposition de réformes qui lui semblent nécessaires. Il préconise un règlement particulier à chaque établissement. Il souhaite que les religieuses respectent scrupuleusement les prescriptions médicales.[13] D'autres propositions sont faites, modernistes pour l'époque : que les malades soient couchés seuls, que les sexes soient séparés par chambres, qu'une division existe pour les blessés, que des cours séparées soient ouvertes pour les convalescents et les convalescentes, que les comptes et la gestion des établissement soient contrôlés.*

Membre en 1785 de la Commission sur les hôpitaux présidée par Tenon, il est Conseiller d'État en 1786. L'Instruction lui est demandée par de Calonne, alors ministre de l'intérieur. Il est responsable de la rédaction des 19 premières pages, sur les 44 que comporte la brochure. Le reste est rédigé par François Doublet. En 1789 il est le rapporteur du Directoire d'Administration et du Conseil de santé des Hôpitaux Militaires. Beau-père de Michel-Augustin Thouret, futur directeur de l'Ecole de santé de Paris, il décède le 4 août 1789.

François Doublet *(1751-1795). Il devient médecin de l'Hôpital Necker et succède à Colombier dans son poste à l'hospice de Vaugirard. Il est nommé sous-inspecteur général des Hôpitaux civils et des Maisons de force du Royaume par Necker. Thouret fait également partie du corps, ainsi qu'Antoine Chaumont de la Millière. Ce dernier s'occupera des aspects purement administratifs. Doublet se charge de la rédaction de la seconde partie de l'Instruction, concernant le traitement des insensés. N'ayant jamais travaillé auprès de ces malades, son texte n'est que le résumé banal des conceptions de l'époque, sans novations ni recommandations particu-lières. Il reste donc pour nous un document sur les pratiques et non pas un projet de réforme. En 1791, Doublet est chargé d'un autre rapport qui, publié sous le titre de* Mémoire sur la nécessité d'établir une réforme des Prisons et sur les moyens de l'opérer, *ne passera pas à la postérité. Il y représente le point de vue des hygiénistes, en insistant sur la promiscuité et les risques d'épidémies qui en découlent. Il insiste sur la nécessité de rationaliser la gestion des prisons en les spécialisant, c'est-à-dire en affec-tant à chaque prison un type de prisonniers. Ainsi on pourra séparer, durant leur détention, les mendiants, les accusés non encore jugés, les criminels jugés. Doublet conserve ses fonctions jusqu'en 1792. En 1794, il est nommé à la chaire de pathologie interne de l'École de santé de Paris. A ce poste, Philippe Pinel lui succèdera.*

L'Instruction sur la manière de gouverner les insensés, et de tra-vailler à leur guérison dans les Asyles qui leur sont destinés, *est une brochure de 44 pages, éditée en 1785 par l'Imprimerie Royale. Destinée à être diffusée dans tout le Royaume, elle eut une destinée étrange. Mal ou peu diffusée, son existence est toujours signalée. Aujourd'hui encore elle demeure difficilement accessible au chercheur. Par contre, on sait que le texte aujourd'hui oublié de Doublet, sur* La réforme des Prisons, *eut alors une très large diffusion. La situation des insensés en France était déplorable. Peu de soins efficaces étaient dispensés. Un appareil impres-sionnant était cependant déployé. L'aboutissement de ces "soins" souvent violents était parfois la mort du patient. On reste alors très étonné devant le peu de solutions dégagées par ce texte, qui a comme ambition d'améliorer le sort de ces malades. Pourtant chaque proposition, qui aujourd'hui peut nous sembler dérisoire, est une réelle amélioration et a une grande portée, tant l'état de réclusion des malades mentaux laissait à désirer à un moment où nul remède ne pouvait être proposé pour contenir les plus violents d'entre eux. On a vu aussi combien quelqu'un comme Colombier était compétent pour mener à terme une telle mission de conseil. Celui-ci rédige donc les 19 premières pages, constituant l'introduction et la première partie. On perçoit dès l'abord la marque personnelle des préoccupations de l'auteur : le premier paragraphe est consacré au rappel de ses travaux sur la santé des enfants, marqués par l'esprit des Lumières. La forme classique de l'exposé est respectée, rappelant la démarche historique des Anciens. Quelques mots font allusion au problème des crétins, dont on sait combien il a préoccupé les médecins, tant l'espoir de guérison était fort, en regard de la forme que prenait le mal, forme si "naturelle" que l'espoir philosophique de la guérison qu'on souhaitait dès lors instaurer s'étayait par lui-même.[14] Les hôpitaux et hospices parisiens, si vétustes, si inconfortables et si peu propices à la réalisation de leur objet, sont en fait bien plus convenables que la majorité des établissements de province auxquels ils doivent servir d'exemple. C'est dire les conditions d'exercice de cette branche de la médecine en France.*

Colombier insiste ensuite sur la disparité que procure la fortune et souhaite que la prise en charge financière du traitement des pauvres puisse s'effectuer, pour permettre à tous l'accès à une même qualité de soins. C'est la condition nécessaire pour accroître le nombre des guérisons. Cette vue politique et sociale est complétée par les modalités d'accueil obligatoire des insensés errants dans des établissements désignés dans chaque Généralité du Royaume. Cette disposition sera reprise dans la loi de 1838, tant en ce qui concerne la question de la résidence administrative du malade qu'en ce qui concerne la prise en charge financière.

Puis c'est le cadre matériel qui est privilégié, garant d'une bonne exécution des soins, aussi bien que de la dignité de la personne reçue. Les mauvais traitements (autres que médicaux !) y sont interdits et réprimés. A cet effet on évoque pour la première fois les qualités et la compétence nécessaire au personnel servant. Les règles d'hygiène et de salubrité, de régime alimentaire et de dignité vestimentaire doivent être respectées. Il serait judicieux que les malades soient triés en fonction de leur affection, afin de privilégier leur distribution dans des locaux à l'architecture rationnellement établie et au mobilier adapté. Dans ce cadre matériel, où un espace important est réservé aux promenades des malades pour lesquels il est inutile de prescrire le confinement, un traitement peut être entrepris grâce également aux sensations apportées par le milieu ambiant. C'est la prescription médicale des promenades, part importante du traitement moral. Enfin, un règlement intérieur doit être élaboré pour chaque établissement, en fonction de ses caractéristiques.

Un passage étrange concerne la contagion du personnel par la folie des malades. Ce serait oublier qu'à l'époque une part non négligeable du personnel servant était constituée par d'anciens malades, déclarés guéris. Il y eut vraisemblablement des rechutes. Colombier l'ignorait-il, ou, plus probablement se fait-il l'écho d'une représentation sociale de la contagiosité de la folie ?

Puis il laisse à Doublet le soin de décrire le grand traitement de l'Hôtel-Dieu, modèle proposé, qui peut être appliqué plusieurs fois de suite, apologie de la saignée et de la purgation. Sur la base d'observations de qualité inégale, tirées de la littérature médicale, sans contribution personnelle, Doublet détermine la nosologie alors habituelle en quatre classes. Ces classes sont descriptives et ne doivent rien à la détermination d'une étiologie des manifestations pathologiques. A ces quatre classes, des variations du traitement vont permettre la résolution des troubles. Le traitement en vigueur à l'Hôtel-Dieu est minutieusement décrit. Au bout de son application, trois solutions étaient laissées au malade : la mort (c'était fréquent), la guérison (c'était rare), le maintien des troubles. Dans ce dernier cas, le malade retournait dans sa famille ou était reclus à la Salpêtrière ou à Bicêtre, où le traitement était abandonné ou continuait sous une forme atténuée.

Toutes les descriptions anatomo-pathologiques sont des descriptions effectuées post mortem, suite à l'ouverture cadavérique. Elles doivent encore beaucoup à la théorie des humeurs. Les métastases entrevues ne peuvent être qu'humorales, modélisées par les caillots sanguins des embolies cérébrales. De même, les connaissances déployées sur le siège de la maladie (à différencier de la localisation des objets produisant le décès) sont très anciennes. Ainsi, la théorie de la circulation des humeurs fait localiser le siège de la manie dans le ventre et dans la tête. Seule la question relative au noyau de la maladie, quoiqu'encore systématiquement confondue avec la recherche des tumeurs ou des métastases, semble plus moderne. Les conceptions théoriques en médecine générale étaient plus avancées. Avant les travaux de Pinel, la médecine mentale à la fin du XVIIIe siècle n'était pas beaucoup plus avancée que dans les siècles précédents.

Guillaume Daignan *(1732-1812). C'est un docteur de Montpellier qui rejoint à 25 ans le service de santé militaire où il parvient au grade de Médecin en chef des armées de Bretagne et de Genève. Il achète ensuite à Paris une charge de médecin ordinaire du Roi, qu'il perd à la Révolution. On le voit membre du Conseil de santé des armées sous la Convention. Traducteur de Baglivi[15] en 1757, il est l'auteur de plusieurs topographies médicales. Hygiéniste, en 1780-1781 il rédige des remarques sur les fièvres en France qu'il adresse à Colombier. Elles sont suivies en 1783 par* Adnotationes breves de febribus. *Son ouvrage le plus important, celui pour lequel son nom est parfois cité dans des études médicales s'intéressant aux débuts de la physiologie fonctionnelle, est son* Tableau des variétés de la vie humaine *(1786, 2 volumes). Il sera complété en 1811 par un petit opuscule qui décrit l'*Echelle de la vie humaine ou thermomètre de santé. *Remarquons que ce texte poserait pour la première fois le problème de l'équilibre thermique du milieu intérieur, bien avant Claude Bernard.[16] Entre temps, Guillaume Daignan fait paraître en 1787 une* Gymnastique des enfants convalescents infirmes, faibles et délicats, *suivie par une* Gymnastique militaire *en 1790. On voit combien ce parcours thématique est proche de celui de Colombier. Soucieux de compléter son action d'hygiéniste par l'abord des problèmes sociaux, il rédige en 1802 des* Mémoires sur les moyens d'extirper la mendicité en France. *Ses* Réflexions d'un citoyen *sont résolument ignorées, et ne sont pas répertoriées dans les études qui lui sont consacrées ou lorsqu'il s'agit d'aborder les questions de santé publique. Car Daignan s'occupe avant tout de santé publique dans ce texte.*

Ce texte de 79 pages est consacré à l'examen des besoins des citoyens en ce qui concerne l'éducation, les subsistances, la santé, les mœurs et l'ordre public. On donne ici la partie la plus conséquente du livre, "De la santé", comme étant celle qui intéresse plus particulièrement la thématique de ce recueil. Elle donne une idée du peu d'importance de la médecine mentale dans l'ensemble des actes de la médecine et de la chirurgie pratiqués pour les pauvres et les indigents. Cela permet de mieux situer les autres textes dans le contexte général. Cette partie occupe les pages 17 à 44. C'est avant tout un texte politique, écrit à titre personnel, tablant sans doute sur une renommée dont on n'a pas gardé la trace. Adressé à l'Assemblée nationale, non daté, on peut estimer qu'il parut avant 1791. Le frontispice de l'édition porte les titres de Daignan qui, liés à des privilèges personnels, étaient abolis : "Médecin ordinaire du Roi, Consultant des Camps, des Armées et des Hôpitaux de S.M., ci-devant premier Médecin de ses armées de Bretagne et Genève."

Politique, ce texte l'est à plusieurs titres : prenant parti sur les événements passés, proposant des solutions pour le futur, interrogeant le bien-fondé de quelques décisions, comparant ce qui se fait à l'étranger avec la situation en France. Le raisonnement de Daignan est assez simple : ce que les autres proposent ou font, en termes de santé publique à Paris, ne convient pas, alors qu'il a déjà donné des solutions qui ne demandent qu'à être appliquées. Il faut considérer d'une part les dénonciations de procédés, comme les trépanations osées et inutiles qui se pratiquent à l'Hôtel-Dieu, ou l'incapacité de certains officiers de santé pour s'occuper de tous les cas qui se présentent, des dispositions propres à permettre de réelles réformes. Il ne faut pas oublier en effet, que le nombre des morts constatées dans les hôpitaux de Paris n'a pas que des origines naturelles. Il a des causes strictement médicales. C'est la mauvaise médecine appliquée inconsidérément qui tue les malades. Cet état de choses est dû à la situation d'incommunicabilité dans laquelle se trouvent la médecine et la chirurgie. Ces deux disciplines ne doivent être que les branches d'une même science, écrit Daignan. Dès lors la concertation, les protocoles et les méthodes feront que les soins puissent être réfléchis et efficaces. Les médecins, aussi bien que les chirurgiens, devront être spécialistes et se concerter.

Le concept politique le plus important est économique : si la nation est florissante, ses citoyens échappent à la misère, et leur état de santé s'améliore, car le nombre des pauvres et des indigents, qui sont les premiers atteints par la maladie en période de crise ou de famine, diminue. Pour améliorer la situation déplorable de l'état sanitaire de Paris, Daignan souhaite que des organes de contrôle de la puissance publique interviennent pour dénoncer les conditions qui font qu'il y a de la misère, que le luxe et la débauche existent, que l'hygiène est absente, que les conditions d'éducation sont mauvaises. Enfin, et c'est là le début d'un plan de santé publique, il préconise l'utilisation des hôpitaux pour d'autres tâches que des soins en cas de maladie. Ce sont des tâches de prévention, telles que des consultations, des inoculations, des soins aux femmes en couches. C'est l'ensemble de ces mesures qui fera diminuer le nombre des malades et le nombre des hôpitaux, contrairement à ce que proposait Tenon, par une utilisation rationnelle de leurs lits et l'instauration de consultations.

Pierre-Jean-Georges Cabanis (1757-1808). *Philosophe, puis médecin, Cabanis se fait d'abord connaître pour sa traduction de l'Iliade, que Voltaire apprécie. Turgot, qui se trouve être un ami de son père, l'introduit dans le salon de Madame Helvétius à Auteuil. Cabanis deviendra un de ses* *proches, jusqu'à l'assister dans ses derniers moments, en 1800. Médecin en 1783, il achève en 1789* Du degré de certitude de la médecine, *qui ne sera publié que dix ans plus tard. Collaborateur et médecin de Mirabeau, il rédige pour lui son rapport sur l'Instruction publique, qu'il éditera en 1791, après la mort de celui-ci. Les "Observations sur les hôpitaux" sont établies entre 1789 et 1790, et lui doivent de siéger à la Commission des hôpitaux de Paris entre 1791 et 1793. C'est sur la base des rapports établis à cette occasion qu'il écrit* Quelques principes et quelques vues sur les secours publics, *d'où est extrait "Des maisons publiques et charitables de fous" que l'on présente ici. Dans ce texte se trouvent énoncées les réformes que Pinel reprendra ensuite à son compte et fera appliquer. En 1791 il fait la connaissance de Charlotte Grouchy, qui est la sœur de Sophie Grouchy, la femme de Condorcet. Il l'épousera en 1796, année où il entre à l'Institut dans la classe des Sciences morales et politiques. Très lié avec Condorcet, grâce au concours que lui assurent Boyer et Pinel, il l'aide lorsque celui-ci est chassé de la Convention le 2 juin 1793. Un point mystérieux demeure : Cabanis a-t-il fourni le poison avec lequel Condorcet met fin à ses jours lors de sa fuite à Bourg-la-Reine ? Durant la Terreur il trouve refuge à Auteuil chez Mme Helvétius. Le salon de celle-ci reprend ses activités à la fin de la Terreur. Cabanis et Pinel le fréquentent. Ce sont Cabanis et Thouret qui proposent à Pinel le poste de médecin de Bicêtre. L'influence de Cabanis se fait sentir aussi bien sur Pinel que sur Bichat. Ce dernier développera ses travaux sur l'embryologie à partir de 1796. Cabanis devient professeur d'hygiène à l'École centrale, puis professeur de clinique médicale à l'École de santé de Paris. Élu en 1798 au Conseil des Cinqcents, Bonaparte le nomme sénateur et le fait commandeur de la Légion d'Honneur, avant de l'écarter de son entourage. En 1799 il est titulaire de la chaire de médecine légale et d'Histoire de la médecine.*

En 1802 paraît le Traité du physique et du moral de l'homme, *ouvrage qui lui assurera une grande notoriété sous le titre qu'il adopte dès sa deuxième édition :* Rapports du physique et du moral de l'homme. *Le dixième mémoire de ces* Rapports *est le plus long. Il contient les opinions de Cabanis sur la folie. Il y énonce des "Considérations touchant à la vie animale, les premières déterminations de la sensibilité, l'instinct, la sympathie, le sommeil et le délire." C'est la détermination d'une activité que nous dirions aujourd'hui psycho-physiologique. Participant au mouvement des idéologues avec Destutt de Tracy, il participe au courant qui créera l'anthropologie. Se référant au sensualisme de Condillac, il accepte que les idées viennent des sens, mais il ajoute que l'instinct est le lien entre l'intellect et l'organique, ce qui lui permet de forger sa notion de l'homme intérieur que serait le cerveau. Serait-ce un des premiers jalons pour une histoire de la découverte de l'inconscient ? Admirateur de la philosophie de Rousseau, il développe des théories relatives à l'influence néfaste des institutions sociales sur la santé mentale de l'être humain. Il réclame une classification étiologique des maladies mentales. Ce ne sera pas réalisé avant les travaux de Bénédict-Augustin Morel, médecin aliéniste condisciple de Claude Bernard, entre 1857 et 1860. Le bilan des avancées des dernières années que vivra Cabanis sera fait en 1804 dans son* Coup d'œil sur les révolutions et sur la réforme de la médecine.

    C'est en 1803 que paraît la seconde édition du livre de Cabanis, initialement publié dès 1798, Du degré de certitude de la médecine. *Sont ajoutés au texte primitif un certain nombre d'autres écrits, comme les "Observations sur les hôpitaux", le "Journal de la maladie et de la mort de Mirabeau", la très défavorable "Note sur le supplice de la guillotine", le "Rapport fait au Conseil des Cinq-cents sur l'organisation des Écoles de médecine", et les "Quelques principes et quelques vues sur les secours publics". Sur les 537 pages que comporte ce livre, le dernier texte commence page 393. Il est constitué d'extraits critiques des rapports faits à la Commission des hôpitaux de Paris entre 1791 et 1793, centrés sur les questions administratives et législatives à réformer ou à améliorer. Il se divise en sept chapitres dont seuls quelques-uns ont un titre : "Des ateliers de charité, ou des secours en travail" (chap. III), "Des prisons" (chap. IV), "Des enfants trouvés" (chap. V), "Des secours à donner aux pauvres malades" (chap. VI). Les objets traités sont conformes au souci du moment, qui est l'institution d'une aide sociale qui viendrait remplacer un renfermement répressif. Cabanis abonde dans le sens de ses collègues. Son écriture est plus précise, plus directe, plus acerbe : le 10 thermidor a rendu la liberté de la parole et de la presse, précise-t-il en ouverture de sa "Note [sur] la guillotine". Le chapitre VII qui est reproduit ici, "Des maisons publiques et charitables de fous", occupe les pages 498 à 526 de l'édition de référence. Les notes infrapaginales du texte permettent de dater de 1791 le rapport qui en a été la base.*

    La question sociale de l'accès des pauvres à une médecine égalitaire y est à nouveau posée. Les conditions de la prise en charge financière du séjour à l'hôpital restent importantes, non pas tant du point de vue des soins, qui sont gratuits, que de celui des conditions d'hébergement et de nourriture, qui, au-dessus de l'ordinaire de l'établissement, sont laissées à l'appréciation de la famille de l'insensé. Les familles qui peuvent financièrement fournir la subsistance à leur malade ne le font pas souvent de bonne grâce. Comment les contraindre à ce geste d'humanité proportionnellement à leur fortune ? Autour de cette question vont s'ordonner des réflexions qui seront fixées par certaines dispositions de la loi de 1838, sur les obligations d'assistance des asiles faces aux prestations des payeurs départementaux. La séparation des lieux de détention juridique des lieux d'internement médical est réaffirmée. Cabanis souhaite que l'internement se fasse aux frais de la nation, dans des formes légales, sous une prescription médicale surveillée par la police et inspectée par un magistrat. C'est un tribunal qui doit prononcer l'interdiction civile de l'insensé. Cette interdiction doit être maintenue durant sa détention, afin que ses biens se trouvent placés sous protection, précaution élémentaire pour qu'il puisse les retrouver en cas de guérison. L'interdiction est un acte administratif destiné à protéger le seul malade. Lorsque le malade est capable de nuire, ou de troubler l'ordre public, il peut être reçu dans un établissement avant toute décision de justice, pour y être observé. C'est l'internement médical, dont on a connu quelques abus sous le système royal. Se pose alors la question des garanties à apporter aux citoyens pour évaluer les limites au trouble de l'ordre public, en fonction d'une décision arbitraire. Le médecin est alors responsable d'un diagnostic confirmant ou infirmant la mesure d'internement. Pour ce faire, il s'appuie sur le savoir clinique basé sur l'observation, savoir qui est bien plus déployé par les surveillants et les gens de service que par les officiers de santé qui ne font que prescrire les soins. On perçoit dans ces recommandations combien le souci nosologique masque encore la préoccupation clinique. Cabanis se situe plus en législateur qu'en médecin. C'est cette raison qui lui fait préconiser une réglementation unique à l'intérieur de tous les établissements de la république, et non pas seulement une législation des conditions d'accès à l'hospitalisation.

L'hôpital avait un attrait : celui de se faire héberger en restant oisif. Cabanis souhaite que les simulateurs soient écartés. Il considère néanmoins que la mission de l'hôpital consiste aussi à héberger la catégorie des bons pauvres, c'est-à-dire ceux qui, non malades, veulent bien être travailleurs et productifs pour participer aux dépenses de leur séjour, à l'inverse des faux pauvres qui ont une aversion pour le travail. Dans son plan de réorganisation, c'est un des aspects qui relie toujours l'établissement de soins à l'ancien Hôpital Général. Le travail a un autre aspect dans l'hôpital. Il est une thérapeutique employée pour le traitement des fous, qui peut leur être imposée de force. Une autre thérapeutique est l'isolement qui impose une architecture et une disposition des lieux particulières. L'isolement doit pouvoir délivrer certains malades des mauvais exemples et des images néfastes offertes par d'autres. Ce serait une façon d'éviter la contagion de la folie par imitation ou par identification. Dans ce cadre scientifique, la folie est bien une maladie des nerfs, tant au sens populaire qu'au sens médical, qui annonce des progrès dans la com-préhension fonctionnelle des réactions psycho-physiologiques. La contention est une autre de ces thérapeutiques employées pour les malades violents en ce siècle où les médications spécifiques sont rares. Si c'est Cabanis qui préconise la suppression des chaînes aux insensés, comme pouvant être dangereuses pour eux, comme cela se pratiquait déjà en Angleterre dans des hôpitaux mieux tenus, c'est à Pinel qu'on doit d'avoir mis l'idée en pratique, alors qu'on lui en attribue à tort la paternité. On introduit alors le gilet de force ou gilet de contention, prédécesseur immédiat de la camisole de force.

Pour établir ce programme, Cabanis s'appuie sur les bases philosophiques des idéologues. Il rappelle les notions introduites par Rousseau sur les principes constructifs de la nature en fonction d'un homme situé dans ses relations contractantes. L'association des hommes permet alors que les contractants s'unissent pour protéger celui des leurs qui deviendrait dément. Il devient nécessaire que la constitution se fonde sur la nature de l'homme, afin que les règles que sa justice édictera suppriment la misère en nivelant les revenus. Ainsi la société connaîtra moins de pauvres, moins de malfaiteurs, moins d'orphelins, et moins de fous, si elle installe les conditions qui vont permettre à l'homme d'éviter de se dégrader. Cela ne suffira pas à supprimer entièrement la folie. Tout du moins, les causes de celle-ci ne seront plus déterminées socialement. Il restera les manifestations individuelles fondées sur les particularités des structures physiologiques.

Philippe Pinel (1745-1826). *Docteur à Toulouse en 1773, Philippe Pinel se rend à Montpellier pour perfectionner ses connaissances. Il y rencontre Chaptal. En 1785 il réalise la traduction des* Institutions de médecine pratique *de l'écossais Cullen. Puis il fait paraître en 1788 une édition commentée des* Œuvres médicales de Baglivi. *Le 21 janvier 1793, Pinel est de service à la garde nationale lorsque Louis XVI est décapité. Il rapporte ce souvenir éprouvant dans une correspondance.[17] Thouret le fait nommer à Bicêtre où il restera de 1793 à 1795 avant de gagner la Salpêtrière en tant que médecin-chef. Professeur-adjoint d'hygiène à l'École de santé de Paris, il succède en 1795 à Doublet à la chaire de pathologie interne. En 1803 il est membre de l'Institut et, décoré de la Légion d'Honneur, nommé médecin consultant de l'Empereur en 1805. La révocation de son poste de professeur a été prononcée en 1822, après la fermeture de l'École de* *médecine à la suite des revendications politiques présentées par les étudiants.*

En 1798 il publie sa Nosographie philosophique, ou Méthode de l'analyse appliquée à la médecine, *qui connaîtra plusieurs rééditions. Cet ouvrage doit beaucoup plus aux conceptions de Cullen qu'à celles de Boissier de Sauvages.*[18] *Il prend pour base de sa classification les descriptions des organes lésés contenues dans des observations anatomiques. Ce n'est donc pas une classification qui s'appuie sur la description des symptômes. Pinel s'appuie sur les travaux et les méthodes de savants tels que Linné, Daubenton, Jussieu, Cuvier. Cela aura quelque influence sur les travaux d'anatomie pathologique de Bichat. Il sera amené à proposer une classification différente dans son* Traité médico-philosophique sur l'aliénation mentale ou la manie, *dès sa première édition en 1800. La seconde édition de 1809 comporte environ 200 pages de plus dans lesquelles Pinel relate un plus grand nombre d'éléments de son expérience à Bicêtre et à la Salpêtrière. Sur un plan théorique on peut situer la pensée de Pinel entre le sensualisme de Condillac et le matérialisme de Cabanis. Non essentiellement psychologue ou juriste, Pinel reste avant tout médecin. Ce sera le premier médecin à être reconnu spécialiste d'une médecine mentale dont il contribue à fonder les pratiques. On ne peut dissocier l'œuvre clinique de Pinel de l'appui que lui a fourni sur le plan de l'organisation et de l'effectuation des soins, son surveillant, Jean-Baptiste Pussin.*[19] *Délaissant la théorie des humeurs, Pinel élabore des mécanismes de compréhension des troubles mentaux ayant pour base une organogénèse du cerveau. Il détermine qu'une lésion du cerveau est un dommage grave qui influe sur le reste de la vie du sujet. La façon dont un sujet vit ses passions et ses émotions, la force ou la faiblesse avec laquelle elles s'expriment peuvent se traduire par des dommages physiologiques causés directement au cerveau.*[20]

Fondateur d'une pratique de l'aliénisme, Philippe Pinel est le maître de ceux qui, parmi ses élèves, vont donner à la nouvelle discipline médicale ses fondements durant un XIXe siècle qui érigera la psychiatrie moderne. Étienne Esquirol (1772-1840) sera son successeur et restera longtemps le chef de file des médecins qui attribuent à la folie des causes physiques et morales, éloignées des étiologies purement psychologiques.

C'est la première édition (1800) du Traité médico-philosophique *qui a été choisie ici. 318 pages se distribuent en VI sections ou chapitres : "Manie périodique ou intermittente", "Traitement moral des aliénés", "Recherches anatomiques sur les vices de conformation du crâne des aliénés", "Division de l'aliénation mentale en espèces distinctes", "Principes du traitement médical des aliénés". C'est la Section V, "Police intérieure et surveillance à établir dans les hospices d'aliénés"* qui a été retenue pour être présentée ici. Elle s'étend des pages 177 à 226 de l'édition originale. On prendra garde, durant la lecture de ce texte qui renferme des observations cliniques, à ne pas se faire une image archaïque du fou, vis-à-vis des représentations sociales de la folie que les descriptions médicales rapportées par Pinel vont évoquer. Qu'on se souvienne que les extravagances, les états d'agitation sont réels à cette époque sans sédatifs puissants, et qu'ils traduisent une expression de la souffrance ressentie par les malades.

Dans ce chapitre, Pinel insiste sur la nécessité qu'il y a d'organiser un espace de soins qui soit complet : espace géographique, espace relationnel, espace thérapeutique. Cette fixation d'un cadre matériel doit permettre de traiter chacune des grandes catégories de troubles de façon rationnelle pour le médecin, et de façon confortable pour le malade qui se trouve concentré sur sa guérison. Chaque catégorie est traitée à part. La nécessité d'isoler les convalescents, pour éviter des rechutes par contagion ou imitation, est à nouveau affirmée ici. Cependant Pinel laisse subsister une ambiguïté à ce sujet : le recrutement des gens de service se fait souvent parmi ces mêmes convalescents, dont on apprécie l'aide précieuse qu'ils apportent, fondée sur leur expérience d'ancien malade, ainsi que l'exploitation économique de leur travail. Le séjour du malade dans le service doit permettre une observation médicale, sur la base de laquelle on va ériger une sorte de clinique mentale. L'importance du discours manifeste du malade est reconnue. On prête attention à son contenu, à sa forme pour déterminer les progrès ou la régression de la maladie, tenant compte des modalités de raisonnement, de jugement et de leur application aux opérations de l'entendement. Il est encore trop tôt dans l'histoire de la psychopathologie pour que la structure et le sens du discours tenu retiennent l'attention du clinicien.

Dans l'hospice un emploi du temps immuable vient fixer les limites du cadre matériel. A l'intérieur de celui-ci, le travail et le régime alimentaire sont érigés en thérapeutiques. Le travail est mécanique, c'est-à-dire manuel, et non pas industriel. Le travail de la terre devrait être privilégié, sur les emprises de terrain de l'hospice. Cette suggestion se développera durant le XIXᵉ siècle où les asiles d'aliénés qui ouvriront leur propre ferme seront nombreux.[21] Le régime alimentaire doit être surveillé médicalement et ne plus être considéré de la façon ordinaire liée aux subsistances. Sa composition, sa qualité, sa régularité sont des éléments du traitement. Pinel rapporte les événements douloureux des famines de l'an IV. Il énonce également quelques règles de fonctionnement de l'économat, qui permettent une gestion de bon père de famille. L'aspect paternaliste recouvre une grande partie des interventions du médecin *dans son service, de la confection du bouillon fortifiant sur ses propres indications, à la pratique de punitions, différenciées des mauvais traitements définitivement proscrits.*

Le traitement moral est la troisième composante de la thérapeutique appliquée aux malades mentaux. C'est le point le plus important que Pinel introduit dans la spécificité des soins. C'est celui qui va permettre que se fonde la médecine aliéniste. Ce traitement, basé sur la connaissance du cas et sur l'attention portée au discours manifeste, permet au médecin d'influer positivement ou négativement sur les sensations de son malade. L'isolement, les promenades, la contention, le travail, le rythme des visites, sont autant d'outils prescriptibles et adaptables dans le cadre général du service. Les médications spécifiques, comme les purgatifs, les humectants, les émolients, les sétons, ou les ébranlements profonds du psychisme provoqués par des terreurs ou des impressions externes sur les sens, par exemple, sont appliquées dans les infirmeries, partie médicalisée de l'hospice, qui reçoit également les insensés atteints de maladies infectieuses. Cette diversité des interventions permet des guérisons, ce qui est une conception nouvelle, face au traitement monolithique de l'Hôtel-Dieu.

Incidemment on peut noter le modernisme qui affecte les actions entreprises : le système métrique est adopté pour exprimer les mesures scientifiques.

Tout cet appareil se déploie pour des malades répertoriés en plusieurs catégories. Chacune se subdivise en plusieurs types. L'aliénation mentale se produit à la suite de prédispositions dont la famille du malade est porteuse, ou d'occasions provoquées par des événements extérieurs à la vie du malade, comme les émotions violentes ou les acquisitions d'habitudes néfastes à sa santé. Sommairement, Pinel distingue quatre états principaux de la folie, qui peuvent dans des cas particuliers, être les différentes étapes d'une même évolution de la maladie. Il y a d'abord l'état le moins grave, la mélancolie, qui est une activité mentale délirante, dite délire partiel, parce que ne se fixant que sur un seul objet de préoccupation du malade. La manie est un délire généralisé qui envahit toute l'activité psychique du malade, et qui peut s'exprimer avec ou sans délire, avec ou sans agitation. La démence, qui peut parfois en découler, est un affaiblissement généralisé acquis de l'activité intellectuelle. La dernière gradation est l'idiotisme[22] qui peut être de naissance ou acquis. Reste le problème de l'épilepsie, qui cesse d'être possession ou magie, pour demeurer néanmoins suspecte de pouvoir être simulée ou imitée. Ce n'est pas une entité séparée. Elle reste souvent associée à un autre état comme ici à la manie (un malade est épileptico-maniaque), ou plus tard à l'hystérie (hystéro-épilepsie).

Les travaux de Pinel, dans une spécialité médicale qu'il fait naître, se situent à une période où l'ensemble de la science médicale abandonne la doctrine hippocratique pour se consacrer à l'étude des fonctionnalités physiologiques.

Claude Wacjman

1 - On connait la polémique soulevée par quelques historiens à propos de la méthodologie employée par Michel Foucault pour réaliser ses travaux sur l'Histoire de la folie. *Les derniers détails connus le sont grâce aux travaux de R. Poujol sur les papiers Minachon. Ils révèlent les détails politiques qui ont précipité la promulgation de l'Edit de 1656. Ils ont été publiés vingt ans après la parution du livre de Foucault. Cependant, en ce qui concerne plus étroitement le domaine des soins dispensés aux insensés, des travaux actuels tendent à démontrer que des pratiques locales de soins étaient parfois instaurées de la façon la plus novatrice. Il y avait donc dans ces établissements de l'Hôpital général une liberté de thérapeutique.*

2 - C'est cette orientation qui conduira Claude Bernard, tenant compte des travaux de Magendie, à proposer ses conceptions sur l'homéostasie, dans le milieu du XIXe siècle. C'est la naissance de la médecine actuelle.

3 On employait encore encore le terme de vésanies pour désigner l'ensemble des maladies mentales. On réserve alors le terme aliénisme *à la médecine mentale post-pinélienne et le terme* psychiatrie *aux théories de la seconde moitié du XIXe siècle. C'est une convenance utile, basée sur l'usage, pour marquer l'évolution des idées en cette science. Cependant, il faut rappeler que c'est J. C. Reil, médecin allemand, qui a utilisé le premier le terme "psychiaterie" en 1802.*

4 - Si Michel Foucault intègre bien les travaux de Daignan dans la bibliographie de sa Naissance de la clinique, *il ne cite pas le texte qui est présenté ici. Dora B. Weiner ne cite pas Daignan dans son article sur «Le droit de l'homme à la santé». C'est dire comment un tel texte a pu passer relativement inaperçu dans le foisonnement des textes proposés à l'époque.*

*5 - Les principaux textes qui ont jalonné la réflexion entre l'*Instruction de Colombier et Doublet *et la discussion parlementaire de 1837 qui déboucha sur la promulgation de la loi du 30 juin 1838 sur les aliénés, et qui comportent des notions législatives réglementaires ou organisationnelles sont :* Philosophie de la folie, *Chambéry, 1791, de Joseph Daquin ;* Le Traité de 1800 *de Philippe Pinel;* Des passions considérées comme causes, symptômes et moyens curatifs de l'aliénation mentale, *Paris, 1805, thèse de Etienne Esquirol, élève et successeur de Pinel ;* Traité médicophilosophique sur l'aliénation mentale, *Paris, 1809, deuxième édition augmentée du livre de Pinel ;* Des établissements consacrés aux aliénés en France et des moyens de les améliorer, *Paris, 1819, rapport d'Esquirol au ministre de l'intérieur ;* Des aliénés, *Considérations, Paris, 1834, livre de Guillaume Ferrus, texte dont l'esprit est au plus près de la loi de 1838, vendu "au profit des pauvres". Ferrus, ancien adjoint de Pinel, créateur de la ferme Sainte-Anne, est devenu en 1835 inspecteur général des asiles d'aliénés;* Des maladies mentales considérées sous les rapports médical, hygiénique et médico-légal, *Paris, 1838, 2 tomes, recueil des travaux antérieurs d'Esquirol.*

6 - On peut cependant rappeler que les objets du renfermement sont en place, et qu'à l'occasion de l'affaire du collier, la comtesse de La Motte fut enfermée à la Salpêtrière après avoir été fouettée et marquée. C'était en 1785.

7 - Celui que l'on prendra l'habitude de désigner plus tard sous son nom complet : duc de la Rochefoucauld-Liancourt. C'est à lui qu'on doit la réplique à Louis XVI : "Non, Sire, c'est une révolution".

8 - A Paris, la laïcisation des hôpitaux de l'Assistance publique posera à partir de 1878 des problèmes similaires qui seront réglés par l'instruction professionnelle d'un personnel laïc, sous la ferme volonté du Dr Désiré Magloire Bourneville, jusqu'à ce qu'une formation initiale se mette en place entre 1903 et 1907.

9 - Le texte de Condorcet mérite une lecture attentive. La proposition de réforme de l'instruction publique dont la portée puisse lui être comparée est le plan Langevin-Wallon, qui, après la seconde guerre mondiale, connut une destinée similaire !

10 - On lui doit la publication en 1791 de son livre : La médecine éclairée par les sciences physiques.

11 - Celui-ci se trouvait en bordure de Seine, à peu près face au bâtiment que nous connaissons, qui a été achevé en 1878. Ce sera Lavoisier qui, un moment, sera chargé de la reconstruction de l'Hôtel-Dieu. Rappelons les travaux importants de Lavoisier sur la respiration (1790) et sur la transpiration (1791), qui eurent quelque influence sur les considérations hygiéniques et leur application dans les hôpitaux et les collectivités. On introduit l'oxygène dans le traitement de l'asthme dès 1792.

12 - Il publie en 1781 des Observations sur la maladie vénérienne et le millet dont les enfants nouveau-nés sont attaqués, avec des réflexions sur la nature et le traitement de ces deux maladies, *et, en 1782,* Du lait considéré dans tous ses rapports.

13 - Ce problème sera à nouveau posé par Bourneville lorsqu'il s'agira de laïciser les hôpitaux de l'Assistance publique de Paris à partir de 1878.

14 - On se souvient du livre de Balzac, Le médecin de campagne *(1833), si dur et si rétrograde à l'encontre des crétins. Le crétinisme, ou idiotie myxoedémateuse, est dû à une insuffisance thyroïdienne. Bourneville fut le premier à reconnaître, à traiter et à guérir cette maladie, souvent confondue avec l'idiotie mongoloïde, par injection de glande thyroïde de mouton, en 1895.*

15 - G. Baglivi, médecin du pape Innocent XIII, insistera, dans le passage du XVIIe au XVIIIe siècle, pour que l'on considère la force des impressions morales exercées sur le malade mental comme un moyen curatif de la folie.

16 - C'est Daniel Raichvarg qui m'a signalé cette particularité du texte.

17 - Le service dans la garde nationale est créé le 14 juillet 1791. C'est le 30 juillet 1792 que seront admis les citoyens passifs. La lettre évoquée est celle du 21 janvier 1793 à son frère Louis, éditée par René Semelaigne dans : Philippe Pinel et son œuvre au point de vue de la médecine mentale, Thèse de médecine, Paris, 1888.

18 - La Nosologie méthodique *de Boissier de Savages a été traduite du latin en 1772. Les* Apparatus ad nosologiam methodicam *de W. Cullen ont été édités en 1775 à Amsterdam, et donc traduites en France dix ans plus tard. Dans la* Nosographie philosophique, *Pinel propose un classement général des maladies en six classes, où les maladies mentales sont distribuées principalement dans les classes seconde et quatrième. (Classe première : fièvres primitives et essentielles ; classe seconde : phlegmasies ou inflammations ; classe troisième : hémorragies; classe quatrième : névroses ; classe cinquième : maladies dont le siège est dans le système lymphatique ; classe sixième : dernière classe non déterminée.)*

19 - Pinel connaissait les pratiques anglaises de la suppression des chaînes aux aliénés. Il écrit, dans la seconde édition du Traité *que Pussin était coutumier du fait : lorsqu'il s'agissait de calmer un aliéné entravé, il le libérait de ses fers. La légende familiale a conduit Scipion Pinel, son fils, suivi par René Semelaigne, son arrière-petit-neveu, à faire de Pinel lui-même le promoteur de cette action. Ils ajoutent que Couthon, inquiet de cette novation, serait venu à Bicêtre, voir et menacer, ce qui est inexact. (Voir à ce sujet les travaux de Gladys Swain). La légende est perpétuée par les représentations plastiques de Pinel : le tableau de Charles Muller (1849), à l'Académie de médecine, "Pinel libérant les aliénés à Bicêtre"; le tableau de Tony Robert-Fleury (1878) à la Bibliothèque Charcot, "Pinel libérant les aliénées à la Salpêtrière"; la statue de Pinel par Ludovic Durand (1885), devant la Salpêtrière.*

20 - Voir à ce sujet les travaux de Jacques Postel.

21 - L'Asile clinique Sainte-Anne, avant de devenir autonome, aura été la ferme de la Salpêtrière ; l'Asile de Vaucluse organisera la ferme de Bicêtre ; la ferme la plus importante en région parisienne sera certainement celle de l'Asile de Ville-Evrard, qui a cessé ses activités voici peu de temps. Cette pratique, outre qu'elle procure une occupation à certains malades et à des convalescents, sera source d'économies dans les approvisionnements en nourriture, mais n'arrivera pas à fonctionner en totale autarcie.

22 - La dénomination de l'idiotisme est propre à Pinel. Son élève Esquirol en fera l'idiotie dans sa propre classification, terme qui prévaudra durant tout le XIXe siècle.

Bibliographie sommaire

La liste des ouvrages et articles qui suit n'est pas exhaustive. Elle ne fait que constituer un choix d'indications bibliographiques pour ceux des lecteurs qui souhaiteraient faire une étude plus approfondie de l'environnement historique et scientifique des textes présentés.

Ackerknecht Erwin H. : *La médecine hospitalière à Paris, 1794 - 1848*, Paris, Payot, 1986.

Bloch Camille : *L'assistance et l'état en France à la veille de la Révolution*, Paris, 1908.

Collée Michel, Quétel Claude : *Histoire des maladies mentales*, Paris, PUF, 1987.

Darnton Robert : *La fin des Lumières. Le mesmérisme et la Révolution*, Paris, Perrin, 1984.

Foucault Michel : *Folie et déraison : Histoire de la folie à l'âge classique*, Paris, Plon, 1961, édition désormais assurée par Gallimard.

Foucault Michel : *Naissance de la clinique : une archéologie du regard médical*, Paris, PUF, 1963.

Fréminville Bernard de : *La raison du plus fort. Traiter ou maltraiter les fous ?*, Paris, Le Seuil, 1977.

Gauchet Marcel, Swain Gladys : *La pratique de l'esprit humain. L'institution asilaire et la révolution démocratique*, Paris, Gallimard, 1980.

Génil-Perrin Georges : «La psychiatrie dans l'œuvre de Cabanis», *Revue de psychiatrie*, n° 14, octobre 1910, pp. 398-418.

Imbert Jean (dir.) : *Histoire des hôpitaux en France*, Toulouse, Privat, 1982.

Jacob François : *La logique du vivant. Une histoire de l'hérédité*, Paris, Gallimard, 1970.

Postel Jacques : *Genèse de la psychiatrie. Les premiers écrits psychiatriques de Philippe Pinel*, Paris, Le Sycomore, 1981.

Postel Jacques, Quétel Claude (dir.) : *Nouvelle histoire de la psychiatrie*, Toulouse, Privat, 1983.

Poujol Robert : «La naissance de l'Hôpital Général de Paris d'après des documents inédits (papiers Minachon)», *L'Hôpital à Paris*, n° spécial, août 1982, pp. 11-34.

Quétel Claude : *La loi de 1838 sur les aliénés*, Paris, Frénésie Editions, 1988, 2 volumes.

Quétel Claude, Morel Pierre : *Les fous et leurs médecines de la Renaissance au XXᵉ siècle*, Paris, Hachette, 1979.

Sournia Jean-Charles : *La médecine révolutionnaire 1789-1799*, Paris, Payot, 1989.

Swain Gladys : *Le sujet de la folie. Naissance de la psychiatrie*, Toulouse, Privat, 1977.

Weiner Dora B. : «Le droit de l'homme à la santé. Une belle idée devant l'Assemblée Constituante : 1790-1791», *Clio Medica*, 5, 1970, pp. 209-223.

Note sur l'établissement des textes

Les textes qui suivent sont collationnés sur les éditions originales. Ils sont donnés dans leur intégralité ou dans la totalité de leurs extraits. Les crochets qui apparaissent dans les extraits sont le signe des renvois des auteurs.

L'orthographe du XVIIIe siècle a été modernisée suivant les usages actuellement en vigueur. La ponctuation et l'usage des majuscules ont été simplifiés.

Les appels de notes portent des chiffres quand il s'agit de ceux de l'édition originale. Ils portent des lettres lorsqu'il s'agit de l'édition annotée.

Vue de l'hôpital Bicêtre

JEAN COLOMBIER - FRANÇOIS DOUBLET

INSTRUCTION SUR LA MANIÈRE
DE GOUVERNER LES INSENSÉS,
Et de travailler à leur guérison
dans les Asyles qui leur sont destinés.

A PARIS,
DE L'IMPRIMERIE ROYALE
M. DCCLXXXV

Introduction

C'est aux Êtres les plus faibles et les plus malheureux que la Société doit la protection la plus marquée et le plus de soins ; aussi les Enfants et les Insensés ont-ils toujours été l'objet de la sollicitude publique : les premiers, par l'intérêt naturel qu'on leur porte et par l'espoir qu'ils nous inspirent, excitent cette pitié douce et en même temps active qui n'a besoin que d'être éclairée, pour vivifier d'une manière utile cette source féconde de la prospérité d'un État ; si l'on n'est pas encore parvenu à connaître ou à pratiquer tous les moyens qui peuvent conserver le plus grand nombre d'enfants, et les rendre sains et robustes, on est du moins assuré de trouver toujours parmi les hommes une grande disposition à saisir et à employer tout ce qui leur sera présenté pour le succès de l'éducation physique.

Le sentiment dont on est pénétré pour les Insensés est d'un genre différent ; s'ils excitent une pitié plus profonde par l'image de la misère affreuse dont ils sont accablés, et par l'idée du sort qui leur est préparé ; on est, pour ainsi dire, porté à les fuir pour éviter le spectacle déchirant des marques hideuses qu'ils portent sur leur figure et sur leur corps, de l'oubli de leur raison ; et d'ailleurs, la crainte de leurs violences éloigne d'eux tous ceux qui ne sont pas obligés de les contenir.

Ainsi cette classe de malheureux, quoiqu'on la plaigne et qu'on ait un désir bien vif de lui tendre une main secourable, est néanmoins soignée avec beaucoup moins de zèle que l'autre, et c'est pour cette raison qu'elle exige spécialement l'attention et la surveillance du Gouvernement.

Il paraît que les anciens législateurs avaient reconnu cette nécessité en établissant une sorte de culte religieux en faveur des insensés, pour lesquels les peuples avaient un grand respect et toutes sortes d'égards ; soit pitié, soit superstition, on les regardait comme des êtres favorisés du Ciel, qu'on s'empressait d'attirer chez soi et de bien traiter : cette coutume pleine d'humanité règne encore dans tout l'Orient ; nous la voyons suivie chez les Suisses du Valais, qui traitent avec la plus grande distinction et regardent, pour ainsi dire, comme des Saints, les crétins, sortes d'êtres disgraciés au physique et au moral : mais ce qui doit surtout nous frapper, c'est qu'on l'a retrouvée chez les peuples sauvages de l'Amérique.

Si cette faveur, qui est à peine concevable, à raison de la fureur d'un grand nombre d'insensés, avait eu pour objet d'en diminuer la quantité ou de modérer la violence de leur mal, ces peuples auraient mieux jugé que les Modernes, qui, en réunissant et confondant toutes les espèces de fous dans un même lieu, semblent plutôt s'en débarrasser et s'en garantir que chercher à les soulager et à les guérir : vérité dure, mais nécessaire dans un moment où on fait des efforts pour remplir les vues de bienfaisance, qui animent le Prince que nous avons le bonheur d'avoir pour Maître.

Les lois romaines avaient pourvu à la conservation et à la subsistance des insensés, sans perdre de vue les moyens d'empêcher qu'ils ne troublassent la société : c'est aussi ce qui a été pratiqué depuis dans les pays policés de l'Europe, et surtout en France où l'on a multiplié les asiles pour ces malheureux, soit par des fondations particulières, soit aux frais du Gouvernement.

Mais quelqu'avantageux que paraissent ces établissements, ils ne soulagent que la crainte publique et ils ne peuvent satisfaire la pitié qui réclame non seulement la sûreté, mais encore des soins et des traitements qui sont généralement négligés, et au défaut desquels la démence des uns est perpétuée, tandis qu'on pourrait la guérir ; et celle des autres augmentée, tandis qu'on pourrait la diminuer.

Pour juger sainement cet objet, il suffira d'examiner les Asiles destinés soit au traitement des insensés, soit à les renfermer.

On verra d'abord qu'il existe à peine dans le Royaume quatre à cinq lieux destinés et préparés pour traiter les Insensés ; et si l'on y fait bien attention, on trouvera que ces Asiles, à l'exception peut-être d'un seul, manquent des choses les plus nécessaires au traitement ou sont très mal disposés pour le rendre utile : on verra qu'on y suit une méthode routinière et presque unique, dont le succès est souvent nul, à raison des variétés de genres et d'espèces de folie ; en fin on n'en trouvera qu'un seul, où, malgré plusieurs défauts essentiels, les cures sont un peu soutenues : mais quels sont les fous qu'on traite dans ces Maisons ? ils sont en très petit nombre, et chez la plupart la maladie commence ; à l'égard des autres, nulle ressource quelconque.

Des milliers d'insensés sont renfermés dans des Maisons de force[a], sans qu'on songe seulement à leur administrer le moindre remède : le demi insensé est confondu avec celui qui l'est tout à fait ; le furibond avec le

---

a - Les maisons de force sont des établissements privés, généralement congréganistes, se développant au XVIIIᵉ siècle pour accueillir les correc-tionnaires, détenus non politiques. Interdit ou non dans les actes de la vie civile, on y était placé par lettre de cachet, par ordre de justice ou par ordre de police.

fou tranquille : les uns sont enchaînés, les autres libres dans leur prison, enfin à moins que la Nature vienne à leur secours en les guérissant, le terme de leurs maux est celui de leurs jours, et malheureusement jusque là, la maladie ne fait que s'accroître, au lieu de diminuer.

Tel est l'état au vrai des ressources, jusqu'à ce moment, contre le fâcheux état des pauvres insensés : le cri de l'humanité s'est fait entendre en leur faveur, et déjà un grand nombre d'Asiles se prépare pour leur soulagement, par l'établissement d'un département uniquement destiné pour eux dans chaque Dépôt de mendicité ; et l'on se propose d'y traiter indistinctement tous les genres de folie.

Pour obtenir des succès suivis, il faut non seulement profiter des lumières acquises, mais encore se prémunir contre les abus et les préjugés actuels, disposer les lieux nouveaux en conséquence de ce projet ; et surtout donner aux anciens établissements un exemple dont ils puissent profiter, et des éclaircissements qui les mettent dans le cas de se corriger et de se perfectionner.

C'est dans cette intention que le Gouvernement a ordonné la publicité de cette Instruction, qui est divisée en deux parties : l'une a pour objet la nécessité de suivre à l'égard des soins et du placement des insensés, un plan différent de celui qui est adopté ; et l'autre, qui trace la marche générale du traitement qu'il faut administrer dans les différentes espèces de folie.

Première partie,

Qui concerne la manière de placer, garder et diriger
les Insensés.

Les gens riches et aisés se font une loi de faire traiter avec soin, dans leur domicile, leurs parents attaqués de la folie, avant de prendre le parti de les faire renfermer : cette conduite nous retrace ce que les pauvres exigent de la pitié publique ; il faut d'abord qu'un pauvre insensé soit placé dans un lieu où il subisse un traitement, et ce n'est qu'après l'avoir subi infructueusement que le malade doit être déposé dans une Maison de force.

Après un traitement inutile, une famille honnête, soit en gardant l'insensé dans son sein, soit en le plaçant dans un lieu de sûreté, donne tous ses soins pour que ce malheureux jouisse des aisances nécessaires, soit du côté du régime, soit dans son vestiaire et son coucher ; elle ne souffre pas qu'on le maltraite, ni en propos, ni d'aucune manière ; elle lui donne des surveillants sur la fidélité, l'intelligence et la probité desquels elle peut se reposer ; et si le lieu où elle le place est à l'abri des tentatives qu'il pourrait faire pour s'évader, il est du moins salubre, et il n'inspire pas d'horreur.

Pour éviter que la folie n'augmente et ne devienne incurable, cette règle est la seule qu'on puisse suivre en faveur des pauvres insensés, et l'humanité ne permet pas même qu'on s'en écarte dans aucune Maison de force.

Lorsque la démence n'est qu'intermittente ou qu'elle est douce, cette famille n'abandonne pas le malade ; elle s'occupe de nouveaux moyens de traitement, elle les fait en un mot répéter, et par cette persévérance elle obtient quelquefois une parfaite guérison, ou du moins une grande diminution dans les accidents : si ce malade a des accès cruels et d'une grande violence, elle cherche à les modérer, en procurant des secours convenables de la part des gens de l'Art ; mais elle a en même temps grand soin qu'il ne soit pas logé avec un autre insensé, surtout s'il y a du danger, et elle tâche de lui faire oublier son malheur, si par hasard il lui revient une lueur de raison.

C'est ainsi que le riche peut guérir, ou du moins traîner une vie moins misérable, lorsqu'il a le malheur d'être attaqué de la folie : au moins on n'a pas à craindre qu'elle n'augmente par la manière dont on le dirige, ou par une funeste communication ; et les devoirs de la Nature et de la Société sont également remplis, en mettant en usage tous les moyens qui peuvent détruire et diminuer la maladie, ou rendre le sort de l'insensé moins déplorable.

Pourquoi donc n'en userait-on pas de même à l'égard des pauvres ? Serait-ce par l'impossibilité du succès, ou par les frais immenses qu'on serait obligé de faire pour remplir cet objet ? On prouvera aisément que ces obstacles n'existent pas réellement, et il suffira de lire ce qui suit pour se convaincre de cette vérité.

Les lois qui ordonnent de s'assurer de la personne d'un insensé qui trouble la Société ont ce double avantage qu'elles préviennent le crime d'une main innocente, et doivent procurer en même temps le moyen de secourir un malheureux dont l'état peut changer, en le plaçant dans un lieu convenable, et en lui administrant les secours nécessaires.

Ce sont les pauvres surtout, qui exigent l'exécution ponctuelle de ces lois, parce que le peuple n'a ni les ressources nécessaires pour contenir les insensés, ni la faculté de soigner et de faire traiter ces malades ; on doit ajouter même qu'il serait trop souvent dangereux de les laisser entre ses mains : mille exemples ont prouvé ce danger, et les papiers publics nous l'ont démontré il y a peu de temps, en nous faisant l'histoire d'un maniaque qui, après avoir égorgé sa femme et ses enfants, s'est endormi avec tranquillité sur les victimes sanglantes de sa frénésie.

Mais on ne peut dissimuler ici qu'on néglige cette précaution et que les insensés errants ne sont pas même toujours arrêtés, parce qu'on manque de lieux pour les placer, ou parce que les Communautés chargées de payer les frais de capture et ceux de la pension du fou, ne se pressent pas d'avertir la partie publique, ou même éludent de le faire.

On pourra éviter ces deux inconvénients, en désignant les Dépôts et quelques Hôpitaux dans chaque Généralité, pour recevoir les insensés et en prenant des mesures pour que les Communautés ou autres personnes chargées de déclarer l'existence d'un insensé, le fassent incessamment.

A l'égard de la manière dont on doit s'assurer de ces malheureux, elle paraît exiger une attention particulière ; car les surprises effrayantes et les menaces leur sont souvent pernicieuses et aggravent singulièrement leur état, surtout lorsqu'on les arrête dans des intervalles lucides. Si les liens sont quelquefois nécessaires, il faudrait du moins leur ôter ce qu'ils ont de cruel et d'humiliant ; mais les mauvais traitements, et principalement les coups, doivent être regardés comme des attentats dignes d'une punition exemplaire.

Il est sans doute bien difficile d'éviter tous les abus de ce genre ; mais il paraît du moins que le plus grand nombre serait prévenu par des ordres et de la surveillance, de la part des Officiers qui commandent ceux qui sont chargés d'arrêter les insensés.

Il n'est pas moins essentiel de disposer convenablement les lieux destinés à recevoir ces malheureux ; ces lieux sont de deux sortes : les uns sont destinés au traitement, et les autres à contenir ceux qui n'y sont pas soumis.

A l'égard des premiers, on ne peut se dispenser d'avoir des salles pour les diverses espèces de fous ; savoir les furibonds, les insensés tranquilles et ceux qui sont en convalescence.

Il faut encore que ces salles soient très aérées et éloignées du feu ; que chaque malade couche seul, et qu'il y ait dans le voisinage un lieu destiné aux bains.

Les personnes chargées du soin de ces malades doivent être singulièrement choisies, puisque leurs fonctions exigent en même temps une grande force de corps, de l'humanité, de la présence d'esprit et de l'adresse ; qualités difficiles à réunir, et encore plus à conserver longtemps dans un emploi aussi essentiel.

On gagnerait sans doute beaucoup du côté des soins et de la vigilance, si l'on pouvait établir des lits mécaniques qui pussent contenir les malades sans les gêner, dans une ou plusieurs attitudes, et qui les empêchassent de faire des mouvements violents ; mais cette ressource, quoique possible, n'est pas la première à mettre en usage dans un moment où l'on cherche à rectifier le service dans les points les plus essentiels.

On verra dans la seconde partie de cette Instruction tout ce qui doit être ajouté aux précautions ci-dessus, relativement au local destiné au traitement ; ce qu'on va dire maintenant regarde les lieux où l'on place les insensés de toute espèce, réunis dans les Maisons de force.

On a déjà observé plus haut qu'en séquestrant seulement de la société les malheureux dont l'esprit est aliéné, on ne remplissait pas entièrement les vues qu'on se doit de proposer ; et l'on a prouvé que dans tous les cas il était essentiel de traiter d'abord les malades, surtout lorsque la folie est commençante ; mais quand on a employé inutilement toutes les ressources nécessaires pour la guérison, ou lorsque la démence est ancienne, on ne doit pas croire que les malades ne guériront point, puisque l'expérience démontre qu'il arrive souvent des révolutions heureuses dans ces individus, qui reviennent entièrement à la raison au moment où on s'y attend le moins.

Qu'on juge d'après cela combien il est important de ne mettre aucun obstacle à ces guérisons naturelles, et combien on a à se reprocher toutes les manœuvres qui, au lieu de tendre à ce but, ne font que plonger davantage ces malheureux dans une aliénation d'esprit plus considérable que celle qu'ils ont apportée dans les Maisons de force.

Il est donc nécessaire que les lieux où ils sont placés et les soins qu'on prend d'eux concourent ensemble au soulagement, à la guérison et à l'amélioration de l'état des malades :

1° Il faut qu'il règne dans ces lieux un air pur et que l'eau y soit salubre ; ces précautions sont d'autant plus essentielles que la plupart des insensés prennent fort peu d'aliments solides, et ne se nourrissent, pour ainsi dire, que d'air et d'eau.

2° Il faut y pratiquer des promenades qui leur procurent la douceur et la liberté de respirer un air libre ; car quelqu'insensés qu'ils soient, la plupart de ces infortunés ont l'intelligence de leur captivité et le sentiment des douceurs qu'on leur procure : ces promenades doivent être ombragées, pour éviter qu'ils ne s'exposent au soleil ; car l'insolation prolongée cause à tout le monde des vertiges, et a produit plus d'une fois la folie : telle a été celle qui frappa les habitants d'Abdère, pour avoir assisté pendant l'ardeur du soleil à la représentation de l'*Andromède* d'Euripide ; telle fut, suivant quelques historiens, l'origine de la maladie de Charles VI Roi de France.

3° Le département sera divisé en plusieurs corps de logis, ayant chacun leur cour.

Chaque corps de logis formera un carré, dont le centre sera la cour, et les quatre côtés seront les bâtiments élevés en un seul étage.

Il régnera une galerie couverte le long des quatre faces du bâtiment intérieurement ; et cette galerie, ainsi que les logements, seront de plain-pied, mais élevés de trois pieds au dessus de la cour.

On placera aux quatre angles du carré des chambres ou dortoirs, pour rassembler les insensés pendant le jour ; et le reste des bâtiments sera divisé en loges de huit pieds carrés, qui seront éclairées par une lanterne grillée, placée dans la voûte.

Chaque loge aura son lit composé d'une couchette solide, scellée dans le mur ; d'une paillasse remplie de paille d'avoine ; d'un traversin de même qualité, et d'une couverture ; et on attachera au lit quelques anneaux de fer, en cas de besoin.

Près de la porte, il y aura un banc de pierre scellé, et un autre plus petit dans la loge même.

Au centre de la cour, il y aura un bâtiment dans lequel seront placées plusieurs baignoires de pierre, où l'eau arrivera froide et chaude, au moyen des pompes qui la puiseront dans les réservoirs voisins.

A l'égard des latrines, outre celles qu'il faut placer dans chaque cellule, il y en aura dans le milieu de chaque face du carré, qui seront disposées de manière que les insensés ne puissent pas s'y jeter, ni s'y blesser. Une pompe voisine servira à les laver autant de fois que cela sera nécessaire ; et l'on fera régner sous celles des loges ou cellules, un conduit qui, au moyen de l'eau qu'on y fera couler, entraînera toujours les immondices.

Ce genre de construction, aussi salubre qu'on peut le désirer, isole chaque insensé, et procure en même temps le moyen d'entretenir la plus grande propreté, et de baigner ceux auxquels ce genre de remède est prescrit.

Il y aura un département ou corps de logis pour les imbéciles[b], un second pour les fous violents, un troisième pour les fous tranquilles, et un quatrième pour ceux qui auront des intervalles lucides d'une certaine durée, et qui paraissent dans le chemin de la guérison.

Par ces divisions multipliées on réunira les insensés dont l'affection sera analogue, et on séparera ceux dont les accidents seront opposés ; en même temps on éloignera des uns et des autres ceux qui seront dans le cas de sentir la douceur de la société, et on évitera par ce moyen les suites funestes de la contagion nerveuse qui se propage par l'imitation.

Cette dernière précaution paraît d'autant plus nécessaire qu'on ne peut se dissimuler que des cerveaux à moitié tournés et des convalescents douteux ne soient infiniment susceptibles des impressions de manie[c] , dont ils ont les exemples perpétuels sous les yeux.

Et quand on considère que cette contagion gagne même les têtes les plus saines ; que la plupart des gens qui gardent les fous ont, au bout d'un certain temps, la physionomie fort dérangée ; que plusieurs d'entre eux deviennent imbéciles, et quelques-uns même maniaques, ainsi qu'on peut s'en assurer à Bicêtre et à la Salpêtrière, on jugera combien cette séparation est importante.

---

b - Ce terme regroupe les déficiences intellectuelles, les états déficitaires et les démences confondus. Au XIXe siècle, il s'applique aux personnes présentant un déficit intellectuel assez peu invalidant dans la vie sociale, et plus efficientes que les idiots.

c - Toute manifestation pathologique présentant à la fois ces caractéristiques : délire continu, agitation, absence de fièvre.

Mais enfin quand le pouvoir de l'imitation en ce genre ne serait ni aussi grand, ni aussi sûr qu'on vient de le prouver, la nécessité de caser et séparer les différents genres de folie n'en serait pas moins démontrée aux yeux de l'humanité, puisque cette séparation épargnerait au moins à ceux qui ont des intervalles lucides, le coup d'œil désespérant de leur misère.

4° Le régime des insensés a été jusqu'à présent absolument négligé, quoiqu'on connaisse depuis longtemps combien la nourriture influe sur le moral : le Bracmane qui ne vit que de lait et de végétaux, a horreur du sang, et ses mœurs sont très douces ; le Sauvage chasseur et anthropophage aime le carnage, et toutes ses actions sont barbares. Certaines plantes rendent frénétiques, d'autres plongent dans l'imbécillité : les Orientaux, avec l'opium et d'autres drogues dont parle Koempfer[d] , se procurent à volonté des délires furieux ou des extases délicieuses ; enfin les ivrognes et les crapuleux tombent souvent dans des manies épileptiques : n'en doit-on pas conclure qu'un régime délayant, tempérant et fondant, produira un effet contraire à celui des substances âcres, stimulantes, chaudes et vireuses, et qu'en conséquence il faut les interdire aux insensés ?

Ainsi il faut régler leur régime d'après ces vues.

La boisson habituelle sera une décoction d'orge édulcorée avec la réglisse, et acidulée avec la crème de tartre : si l'on permet quelques fois le vin, ce ne peut être que par exception ; mais l'eau-de-vie étant infiniment pernicieuse, on n'en souffrira jamais dans les départements.

On ne donnera de la viande que deux fois par semaine ; dans tous les autres temps la nourriture sera composée de légumes cuits à l'eau et au beurre, tels que les carottes, les concombres, l'oseille, la chicorée, les fèves et les lentilles, en observant cependant de ne pas donner deux fois par jour des légumes farineux.

La quantité de pain sera d'une livre et demie par jour, et ceux qui refuseront des aliments solides auront une pinte de lait : du reste, comme il est nécessaire que chaque insensé suive le régime qui lui convient le mieux, le Médecin ou le Chirurgien fixera chaque jour les doses et les qualités des aliments ci-dessus.

5° Le vêtement des insensés est sans doute plus difficile à régler que leur nourriture, parce que ces malheureux les déchirent, et que d'un autre côté,

---

d - Il s'agit vraisemblablement d'Engelbert Kaempfer (1651-1716). Médecin, voyageur, orientaliste renommé, il se rend au Japon, en Perse, à Java. Il y pratique des observations générales et médicales sur la flore et ses dérivés, les maladies (éléphantiasis).

la plupart ne veulent pas les garder sur eux ; c'est probablement pour cette raison qu'on a négligé cette partie essentielle du régime des Maisons de force, où l'on observe que les uns sont presque nus, et les autres couverts seulement de quelques haillons.

Il paraît néanmoins que pour entretenir la santé, et même la rétablir, il est nécessaire de tenir ces malheureux suffisamment et proprement vêtus.

On leur donnera une chemise blanche tous les huit jours ; les hommes et les femmes auront une robe longue, fermée par le bas ; et les uns et les autres une camisole nouée par derrière avec des rubans de fil, un pantalon large, dans le genre de celui des matelots, et un bonnet d'homme.

Ces vêtements seront de toile de treillis, doublée en hiver, et non doublée en été ; leurs bas seront de fil d'étoupes, et leur chaussure, des sandales.

Les insensés retenus dans leurs cases, auront, au lieu de pantalon, une demi-jupe de toile, comme celle des brasseurs et des boulangers.

Ce genre d'habillement, infiniment plus difficile à ôter que les autres, peut convenir à tous les insensés, et avec une surveillance suffisante, on ne craindra pas qu'ils ne l'ôtent mal à propos, ni qu'ils le déchirent.

On doit observer ici qu'il est essentiel à tous égards que la tête des insensés soit rasée, puisque sans cette précaution la vermine les gagne ; et qu'outre cela les lotions de tête, si nécessaires dans la plupart des démences, sont beaucoup plus efficaces lorsqu'il n'y a point de cheveux.

6° Les soins qu'on doit prendre des fous qui ne sont pas soumis expressément au traitement, doivent néanmoins s'y rapporter ; puisque les uns peuvent guérir avec le temps par le seul régime ; que plusieurs autres exigent des soins particuliers relatifs à leur situation présente, et qu'enfin il y en a beaucoup qu'on doit soumettre de nouveau au traitement, et qui guérissent au second ou au troisième.

Il ne suffit donc pas de traiter d'une manière générale tous les insensés renfermés dans les Maisons de force, il faut aussi qu'ils soient classés suivant leur état de santé, et suivant les vues qu'on a sur leur traitement présent, prochain ou éloigné.

D'abord la classe des imbéciles ne donnant aucun espoir de guérison, et reléguée dans un département particulier, n'admet que les soins généraux que l'humanité prescrit, et dont on a parlé ci-dessus.

A l'égard des autres, on les prépare au traitement par divers moyens, mais principalement par des bains plus ou moins répétés, qui sont prescrits par le Médecin ou le Chirurgien, ainsi que quelques remèdes qui souvent conduisent à la guérison, sans en venir aux moyens héroïques, comme on le verra dans la seconde partie.

Les Officiers de santé feront donc une visite, chaque jour, pour prescrire à chacun ce qui lui convient en régime et en médicaments, et pour faire le triage de ceux qu'ils jugeront en état de passer dans le grand traitement.

S'il est nécessaire que les surveillants et les serviteurs destinés aux salles de malades actuellement traités soient vigilants, sages, doux et fermes, ces qualités ne sont pas moins essentielles dans ceux qui gardent et soignent les insensés dans les Maisons de force. Les liens qu'on est obligé de mettre en usage exigent autant d'adresse que de prudence. Les coups doivent être proscrits et punis sévèrement.

Ces gardiens doivent rendre compte aux Officiers de santé des progrès en bien ou en mal qu'ils observent dans les insensés ; entretenir la plus grande propreté dans les dortoirs, les cours, les loges, les latrines et les vêtements.

Il doit y avoir une règle qui fixe les heures des bains, des distributions d'aliments et de médicaments, l'ouverture et la fermeture des loges, les rechanges de vêtements et de linges : l'hiver, les dortoirs où se rassemblent les insensés, seront échauffés pour le temps qu'ils y resteront, et dans tous les temps il faut qu'ils soient suffisamment surveillés.

Tel est le plan qu'il faut suivre pour ramener un grand nombre d'insensés à la raison, et remplir en même temps les vues d'humanité qu'on doit exercer envers ces malheureux. On va maintenant s'occuper du traitement particulier des malades, en entrant dans tous les détails qui ont des rapports essentiels avec celui qu'exigent habituellement ceux dont on a parlé jusqu'ici.

Seconde partie

Traitement.

Les maladies qui peuvent attaquer les facultés intellectuelles de l'homme sont très multipliées : les unes pervertissent le sentiment, les autres bouleversent l'imagination ou flétrissent la mémoire ; enfin les plus fréquentes et les plus dangereuses sont celles qui détruisent le jugement.

Il n'est point question ici de décrire toutes ces différentes maladies, mais on présentera le tableau des symptômes et du traitement de celles qui sont les plus remarquables, soit parce que les autres peuvent s'y rapporter, soit parce que ce sont les seules auxquelles le Gouvernement accorde des secours.

Tous les différents degrés d'aliénation d'esprit peuvent se rapporter à quatre genres de maladie ; la Frénésie, la Manie, la Mélancolie et l'Imbécillité.

La Frénésie est un délire furieux et continu, accompagné de fièvre : tantôt elle est un symptôme alarmant qui se développe dans les maladies aiguës, tantôt elle est produite par une affection primitive du cerveau, et forme par elle même une maladie essentielle. Mais de quelque espèce qu'elle soit, elle est souvent la source d'où découlent toutes les autres maladies qui affectent la tête, telles que la manie et l'imbécillité, qui en sont les suites fréquentes.

La frénésie qui dépend d'une autre maladie, s'appelle *symptomatique* ; elle a lieu dans les fièvres malignes, quand il se fait un transport de la matière morbique au cerveau ; elle se déclare dans les pleurésies où le diaphragme est affecté, comme l'ont prouvé plusieurs célèbres observateurs, et entre autres Boërhaave et M. Boucher[e] ; elle est commune dans la fièvre miliaire et dans la petite vérole : les grandes douleurs, telles que celles de l'oreille, suscitent la frénésie, et cette observation est d'Hippocrate.

---

e - Hermann Boërhaave, médecin de Leyde, connu pour ses travaux sur l'épilepsie. Peut-être s'agit-il de Pierre-Joseph Boucher (1715-1783), médecin et chirurgien, qui participa à la bataille de Fontenoy. Connu pour ses travaux sur les épidémies et ses recherches et observations sur de nombreux sujets médicaux.

Enfin Sydenham[f] a fait voir que des causes opposées pouvaient produire le même effet, en démontrant que la faiblesse produit quelquefois des aliénations d'esprit, accompagnées de fureur ; mais l'observation de ce célèbre auteur a plus de rapport à la manie qu'à la frénésie, comme on le verra par la suite.

On ne doit s'arrêter ici à cette espèce de frénésie, fausse ou symptomatique, que pour conclure trois choses ; la première, qu'on la reconnaît aux signes d'une autre maladie et en ce qu'elle ne se développe pas dès le commencement ; la seconde, que tout son traitement consiste à bien connaître les maladies dont elle est la suite ; la troisième, que la fausse frénésie mal gouvernée, ou se terminant mal, a les mêmes effets que la frénésie vraie.

Celle-ci se reconnaît aux signes suivants : elle est subite et violente ; la douleur de tête est considérable et inflammatoire ; l'habitude du corps le plus souvent pléthorique ; les yeux et la face sont rouges ; il y a des songes effrayants ou de l'insomnie, et la démence est sensible dès les premiers instants. Les jeunes gens, principalement ceux qui sont d'un tempérament bilieux-sanguin, ou adonnés aux boissons spiritueuses, y sont sujets : elle est fréquente dans les pays chauds, où elle est connu sous le nom de *calentura* : bientôt le pouls devient très dur et très fréquent, les idées sont tout à fait dépravées, les désirs et les actions du malade n'ont aucun but raisonnable, sa voix est changée, ses paroles sont brusques et téméraires, son regard est féroce ; quelquefois il vient du sang par les narines. Quand la maladie ne peut point être arrêtée, il s'établit un vomissement éruginaux, les yeux deviennent secs ; les malades crachent fréquemment et avec indécence ; enfin les évacuations se suppriment, ils tombent dans l'assoupissement ou dans les convulsions, ce qui termine leur vie, du quatrième au septième jour. A l'ouverture du cadavre, on trouve les méninges enflammées, des abcès gangréneux au cerveau, ou une humeur ichoreuse qui a rongé sa substance.

Cette terrible maladie est la moins difficile à guérir de toutes les affections du cerveau ; mais il faut y apporter du remède avec la plus grande célérité ; car le siège du mal étant dans un viscère aussi délicat et aussi important que le cerveau, il n'y a qu'une seule voie de guérison, la résolution.

Pour l'obtenir il faut débuter par de grandes saignées, et commencer par celle du pied, qu'on répètera deux ou trois fois ; ensuite on passera à

---

f - Thomas Sydenham (1624-1689). Médecin anglais ayant étudié à Montpellier. Connu pour ses travaux sur l'hystérie et surtout pour ceux sur la chorée portant son nom. Inventeur du Laudanum, médicament à base d'opium.

celle de l'artère temporale et à celle de la jugulaire, en les faisant toujours grandes et copieuses. La Nature a démontré la nécessité des saignées fortes dans ces occasions, en guérissant les frénétiques par des hémorragies abondantes.

Si le malade est sujet aux hémorroïdes, la saignée se fera par l'application des sangsues à l'anus : on doit, dans tous les cas, observer cette partie, car les hémorroïdes sont quelquefois critiques dans cette maladie et cette crise a besoin d'être favorisée.

Les boissons seront abondantes, froides, délayantes et anti-phlogistiques[g]. Dans l'intervalle de chaque saignée on donnera, s'il est possible, deux lavements, l'un purgatif et l'autre émolient.

Dès le moment de l'invasion de la maladie, on rasera la tête, ou on coupera les cheveux ; on y appliquera ensuite le bandage, qu'on appelle *bonnet d'Hippocrate*, et on aura soin de le tenir toujours mouillé en l'humectant avec des éponges trempées dans un mélange d'eau et de vinaigre froid. Il est reconnu qu'il est très important de donner au ventre beaucoup de relâchement : au défaut d'une diarrhée naturelle, qui a été plusieurs fois salutaire, on en procurera une artificielle, par le moyen d'un purgatif qu'on placera après le relâchement produit par les saignées. Ce purgatif sera un peu drastique, mais on en corrigera l'effet par le moyen de la semence d'anis, ou de tel autre aromate, et par un calmant administré le même jour. Le lendemain du purgatif, on plongera le malade dans un bain tiède, et on lui donnera la douche froide, plus ou moins longue, suivant la force et le degré du mal. Enfin on appliquera de bonne heure de très larges vésicatoires[h] aux jambes ; parce qu'on a éprouvé que les douleurs de jambes étaient favorables à cette maladie.

C'est à cette méthode, ou à des moyens semblables, que certains Hôpitaux doivent leur réputation pour le traitement des fous : celle de l'Hôtel-Dieu de Paris est la mieux méritée, mais il y manque encore des choses essentielles ; un emplacement plus vaste pour séparer les malades, que la confusion doit empêcher quelquefois de bien suivre ; un local plus aéré, si nécessaire à des malheureux dont la tête est bouillante ; des baignoires plus multipliées, et placées dans un lieu qui ne soit pas si près des malades, et dans lequel l'air ne soit pas stagnant ou étouffé.

Au bout de sept ou huit jours dans la frénésie vraie, et beaucoup plus tard dans la frénésie fausse, la fièvre disparaît ; et si la résolution n'a pas eu

---

g - Contre l'inflammation.

h - Médicament irritant la peau, destiné à extirper les humeurs néfastes, ou à produire des sensations élevées au point de distraire par la douleur physique le malade de sa folie.

lieu, ou qu'elle ne soit pas complète, le délire furieux persiste toujours avec plus ou moins d'énergie. Quelquefois, mais rarement, l'engorgement qui reste n'est pas considérable, et la Nature suffit pour le guérir, comme on voit se dissiper par degrés l'imbécillité qui succède aux fièvres malignes exquises. Le plus souvent, quand la résolution n'est point opérée d'une manière convenable, il reste une manie plus ou moins féroce, ou bien une imbécillité. C'est ainsi que Van Swieten[i] l'a vue arriver, non seulement après des frénésies vraies, mais encore après des fausses. Parmi celles-ci, une des plus communes, suivant cet excellent observateur, est celle qui est produite par la suppression des lochies[j] dans les nouvelles accouchées.

La Manie est un délire constant, sans fièvre ; car s'il survient quelque fièvre aux maniaques, elle ne dépend pas de l'affection du cerveau, mais de toute autre circonstance que le hasard fait naître. Les maniaques ont pour symptômes une force de corps surprenante, la possibilité de supporter la faim, la veille et le froid, beaucoup plus longtemps que les autres hommes sains ou malades ; leur regard est menaçant, leur figure sombre, desséchée et famélique : les ulcères aux jambes leur sont familiers, leurs excrétions sont très souvent supprimées ; ils ont le sommeil rare, mais profond ; leur veille est agitée, turbulente, pleine de visions, d'actions déréglées et souvent très dangereuses pour ceux qui les environnent. Quelques-uns ont des intervalles assez tranquilles ; d'autres ont des accès continus ou très fréquemment redoublés.

On trouve le cerveau des maniaques, sec, dur et friable ; quelquefois la partie corticale est jaune ; d'autres fois on y observe des abcès ; enfin, les vaisseaux sanguins sont gonflés d'un sang noir, variqueux, tenace dans certains endroits, et dissous dans d'autres.

Ces différents désordres dans l'organe du cerveau ont plusieurs causes : tantôt c'est un noyau inflammatoire qui n'a pu se résoudre, comme lorsque la manie succède à la frénésie vraie ; tantôt c'est la métastase d'une humeur morbifique quelconque, comme dans la fausse frénésie ; la chaleur, l'inanition, les poisons, les passions, les chutes, produisent directement la manie ; et d'après ces causes multipliées, on ne doit point être étonné que ce genre de folie soit si commun.

La manie qui succède à la frénésie, celle qui est produite par une métastase sanguine, ou même par une métastase humorale, chez les gens robustes ; celle qui est causée par la chaleur, ou qui doit son origine à une passion violente ou à une chute, doivent d'abord être traitées comme la frénésie vraie : des saignées répétées, des purgatifs, des bains tièdes, des

i - G. Van Swieten (1700-1772), élève de Boërhaave établi à Vienne.
j - Produits et résidus de l'accouchement.

douches froides, des cautères, des sétons[k] ou des ulcères artificiels, voilà la marche générale ; mais il y a cependant une grande différence dans la manière d'appliquer ces divers remèdes dans la frénésie ou la manie.

1° Quoique les saignées doivent être faites avec hardiesse dans la manie, il faut pourtant y mettre plus de restriction que dans la frénésie, qui est une maladie très aiguë et commençante ; cette restriction sera d'autant plus nécessaire que la maladie sera ancienne. Quand on saigne outre mesure dans la manie, on voit, à la vérité, la fureur se dissiper, mais cette amélioration apparente est un soulagement perfide ; ce mieux n'est dû qu'à l'affaiblissement du sujet, et il tombe souvent dans une imbécillité incurable : néanmoins la saignée doit être regardée comme un excellent remède dans la manie quand on n'exténue pas le malade, et qu'on tire du sang des lieux convenables.

Comme il est plutôt question de dégorger le cerveau, que de diminuer la masse des liqueurs, on préférera de tirer du sang de la tête, soit en ouvrant la temporale ou la jugulaire, soit en appliquant des sangsues ou des ventouses.

Hildan[l] rapporte plusieurs cas de guérisons subites par l'ouverture de l'artère temporale, ou l'application des sangsues à la même partie ; mais ceux dans lesquels la saignée paraît le plus constamment triomphante, sont ceux dont la manie est due à la suppression d'un flux sanguin.

2° L'administration des purgatifs est encore bien plus essentielle que la saignée ; car il est bien des manies qui peuvent se guérir sans tirer du sang, tandis qu'il en est fort peu qui n'aient besoin de purgations même répétées, pour abattre la raréfaction du sang, atténuer et expulser les humeurs poisseuses et épaissies. Mais pour que les purgatifs puissent produire l'effet qu'on en attend, il faut qu'ils soient précédés de boissons tempérantes et fondantes, d'un régime humectant et des bains tièdes, qui rentrent dans la même indication : on administrera ensuite les purgatifs graduellement, en commençant par les plus doux, qui sont des cathartiques ; viendront ensuite les plus forts, dont on augmentera la dose, pour aller jusqu'aux drastiques ; en observant toutefois de corriger la secousse produite par ces remèdes actifs, en donnant le jour même un ou deux grains d'opium.

Les Médecins de tous les âges se sont réunis pour applaudir à cette conduite : les Anciens commençaient par prescrire l'épithyme, l'agaric, et

---

k - Cautère : brûlure sur la peau; action brusque et rapide. Séton : mèche textile passée à travers la peau (de la nuque, généralement) en vue de provoquer une infection pour extirper les humeurs morbifiques.

l - Il s'agit en fait de Fabricius Hildanus (1560-1634), chirurgien auteur en 1606 des *Observationum et curationum centuriae sex*.

quelques autres remèdes semblables : mais ces purgatifs n'étaient, pour ainsi dire, que préparatoires, et ils faisaient consister le point essentiel de la cure dans l'usage de l'ellébore, comme tout le monde le fait. Ils préparaient à Antycire, île de l'Archipel, l'ellébore noir et blanc, de manière à corriger leur qualité trop mordante : ce qu'il y a de certain, c'est qu'ils guérissaient beaucoup plus de maniaques que nous ; et c'est vraisemblablement pour ce sujet, dit Lorry[m] , qu'ils n'étaient pas obligés d'enfermer ces malheureux comme nous le faisons. Quelques exemples heureux de l'application de ce remède, dans des cas désespérés, observés par ce savant Médecin ; plusieurs autres tentatives également favorables dans la main des Charlatans, par le moyen de ce même médicament, sont des faits authentiques et puissants, qui doivent nous engager à recourir aux préparations d'ellébore, quand les malades auront été bien préparés, et que les premiers purgatifs auront échoué.

Sydenham a obtenu de grands succès dans la cure de ces maladies, en faisant un fréquent usage de la racine de bryone, dont les propriétés sont très analogues avec celles de l'ellébore. Ce célèbre Médecin donnait un gros de racine de bryone dans du lait, ou une demi-once infusée dans du vin. Un Chirurgien de Paris, qui s'annonça il y a quelques années pour guérir les fous, traita à Bicêtre plusieurs maniaques, dont quelques-uns reçurent un soulagement très notable, quoique peu durable ; le remède qu'il administrait était un fort purgatif, et il aurait peut-être eu plus de succès s'il eût persévéré dans cette administration.

Les bornes de cette instruction ne permettent pas d'exposer les moyens sur lesquels on pourrait s'appuyer pour démontrer la nécessité de revenir à l'ellébore : on les trouvera dans plusieurs auteurs, entre autres dans le savant Traité de Lorry, *de Melancholia* , où il est prouvé que la manie a souvent son siège dans le ventre et dans la tête.

Il suffit de dire que l'ellébore noir peut être administré de plusieurs manières : d'abord on peut donner l'extrait de *Rudius* du *Codex* de Paris, à la dose de trente-six grains ou deux scrupules, dans une solution de manne ; ensuite on pourra prescrire l'infusion d'une once d'ellébore noir dans un verre de vin, à prendre en deux fois ; potion qu'on borne à demi-dose, si l'effet est considérable : enfin la meilleure manière de donner l'ellébore, est d'en prendre dix-huit grains ou un scrupule, de les triturer avec un morceau de sucre et un jaune d'œuf, et d'y verser cinq onces d'eau

---

m - Anne-Charles Lorry (1726-1783), médecin de Louis XV. Il s'occupe de diététique et d'hygiène dans son *Essai sur les aliments*, 1754. En 1765 parait *De melancholia et morbis melancholicis*. Il effectue des recherches sur l'effet de l'opium chez les animaux.

bouillante et une once d'huile d'anis. On ne conseille l'ellébore blanc que pour les malades qui seraient insensibles ou peu émus par l'ellébore noir ; on le donne à douze grains.

3° Les bains et les douches seront longtemps continués pour les maniaques, et le moyen de les rendre efficaces est de les alterner avec les purgatifs, c'est-à-dire de purger un jour, et de baigner l'autre.

On voit dans les Mémoires de l'Académie royale des Sciences, des exemples frappants de l'effet des applications froides sur la tête : un auteur Anglais rapporte qu'un maniaque fut guéri par l'application d'un bonnet rempli de neige. Dans tous les faits qu'on peut recueillir, il faut conclure que la meilleure méthode est de plonger le malade dans un bain modéré- ment chaud, avec de la glace ou de la neige sur la tête, et de la tenir ainsi deux heures, au bout desquelles on la découvrira, pour lui donner là douche à l'eau très froide.

4° Les cautères, les sétons, les ulcères artificiels seront utiles dans tous les cas, en suppléant aux évacuations qui se font difficilement ; mais ils seront très recommandables, surtout quand la manie aura été produite par la métastase d'une humeur virulente : on a tenté dans ce cas d'inoculer la gale, et cette vue n'est point à négliger.

Lorsque les différents maniaques ci-dessus désignés auront été soumis au traitement que l'on vient de détailler, on observera l'effet que ce traitement aura produit sur eux, et d'après l'effet du traitement, on pourra les diviser en trois classes ; ceux dont les accidents seront dissipés, ceux qui n'auront éprouvé que du soulagement, enfin ceux chez lesquels le traite- ment n'aura pas opéré d'amélioration.

Les malades de la première classe, ou les convalescents, seront tout à fait séparés des insensés : on leur donnera une sorte de liberté, ils seront mis à l'usage des bains froids ; on leur continuera les douches de temps en temps, en les éloignant toujours de plus en plus ; on les mettra à l'usage des sucs anti-scorbutiques, pour rafraîchir leur corps épuisé et desséché ; on leur prescrira de loin en loin des purgatifs moyens, et on finira par les mettre à l'usage du lait.

Ceux de la seconde classe, ou les soulagés, seront mis pendant quelque temps à l'usage des bouillons ou des apozèmes[n] apéritifs, animés avec un sel neutre, tel celui de Glauber, ou bien on leur prescrira une eau minérale, qui remplira les mêmes indications : on continuera les bains tièdes fréquemment, on fera usage de bols savonneux pour concourir à procurer de la fluidité aux humeurs. Au bout d'un certain temps, si la saison est

---

n - Décoctions.

favorable, on recommencera le premier traitement : alors si les symptômes de pléthore et de sécheresse persistent, on insistera encore sur les saignées ; si la mélancolie ou la bile dépravée paraît dominer, et que le sujet ne soit pas vigoureux, on fera fort peu de saignées, ou même on n'en usera point du tout.

On mettra dans la troisième classe ceux qui auront déjà été soumis plusieurs fois au traitement actif sans succès, et qui ne pourraient plus l'éprouver sans danger. La Médecine présente peu de véritables ressources pour ces malades : on a vanté beaucoup de médicaments comme très puissants dans ces sortes de cas, tels sont le cinabre, le mouron, l'aigremoine, la mélisse, le millepertuis : l'anarcade surtout a été préconisée comme étant douée de propriétés merveilleuses, mais elle a fort peu de propriétés actives ; et l'expérience d'ailleurs n'a pas décidé en sa faveur, on l'appelait autrefois l'*antidote des Sages* ; Hoffmann[o] l'a nommée l'*antidote des Fous* .

L'expérience a été plus décisive en faveur de quelques autres remèdes, tels que le musc, le camphre et les narcotiques. Le musc donné à forte dose, c'est-à-dire jusqu'à un scrupule ; le camphre administré à demi-gros par jour, ont été employés avec efficacité par les Médecins Anglais et Allemands ; et l'efficacité de ces remèdes, dans toutes les autres maladies nerveuses, autorise encore la confiance qu'inspirent ces faits. Sydenham vantait les calmants unis aux cardiaques, mais seulement, pour être donnés après les purgatifs violents qu'il conseillait. Wepfer[p] avait bien plus de confiance aux calmants ; car il donnait l'opium tous les jours aux maniaques, et après l'avoir commencé à la dose de deux grains, il finissait par en donner quinze. Cet excellent observateur assure avoir guéri plusieurs maniaques par cette méthode, sans avoir été obligé de faire précéder les saignées.

Enfin le hasard a servi à faire connaître les bons effets des narcotiques prescrits à forte dose. On lit dans les *Actes des Érudits de Leipsick* , le fait suivant : on avait donné à une fille maniaque une once d'onguent, dans lequel il y avait un scrupule d'opium, pour qu'elle s'en frottât les tempes : l'insensée avala cet onguent, et fut subitement guérie.

---

o - Friedrich Hoffmann (1660-1742). Professeur de médecine à Halle. Fonde une théorie de la maladie basée sur le mouvement des fibres et des liquides dans l'organisme. William Cullen (1712-1790) continuera son oeuvre. Pinel traduira en 1785 le *Traité de médecine pratique* de Cullen.

p - Il est difficile de déterminer à qui il est fait référence ici. Au XVIIe et entre le XVIIe et le XVIIIe siècle, au moins six médecins importants portent ce patronyme.

Les bains de mer ont été aussi célébrés, tant dans la manie que dans l'hydrophobie[q] : ils ne produisent cependant autre chose qu'un effroi plus nuisible qu'utile. On pourrait conseiller les bains froids dans une autre indication, qui ferait susciter une fièvre artificielle, comme on a conseillé les bains de terre dans la phtysie : cette idée mériterait d'autant mieux d'être suivie qu'on a vu la manie guérie par la fièvre ou par une autre maladie ; et que lorsque les maniaques sont attaqués de la maladie dont ils doivent mourir, la raison leur revient au moment où souvent les autres hommes la perdent dans les mêmes cas.

L'électricité a produit quelques variations sur les maniaques, mais on ne peut encore citer de cures opérées par ce moyen.

Si le traitement que nous venons d'exposer convient, avec les exceptions qui y sont ajoutées, pour le plus grand nombre des maniaques, il est quelques espèces de cette maladie pour lesquelles il serait très souvent nuisible.

Ces espèces de manie qui exigent encore des modifications plus particulières dans le traitement, peuvent se rapporter à trois ; celle qui vient d'inanition, celle qui est produite par les passions de l'âme, et celle qui est causée par les poisons.

Sydenham est le premier qui ait remarqué la manie produite par inanition ; elle succède à la fièvre quarte ou à la fièvre intermittente automnale, ou à telle autre maladie, pour la cure de laquelle les saignées et les évacuations auront été trop fréquentes. Les malades portent sur leur figure tous les signes de l'épuisement ; mais on reconnaît principalement cette manie en ce que les plus légères évacuations l'augmentent et la renouvellent. Un simple lavement de lait, au jugement de Sydenham, peut guérir cette manie, en relâchant le ventre : il est donc évident qu'il faudra chercher les remèdes convenables à cette espèce de manie dans les analeptiques, tels que le riz, le gruau, les œufs frais ; les cordiaux, tels que le bon vin et les eaux distillées cordiales ; les toniques, comme le quinquina ; les fortifiants unis aux calmants, comme la thériaque. Sauvages[r] rapporte qu'un anatomiste de réputation, à Montpellier, âgé de soixante ans et tombé dans cette espèce de manie, ne fut guéri que par le diascordium et l'extrait de jusquiame.

---

q - Ancien nom de la rage, au cours de la période d'état de laquelle le malade refuse tout liquide.
r - François Boissier de Sauvages (1706-1767). Auteur de la *Nosologia methodica*, 1763 (*Nosologie méthodique*, traduction posthume, Lyon 1772).

Toutes les passions trop actives ou trop prolongées peuvent produire la manie ; mais il en est particulièrement qui ont ce triste pouvoir : l'étude continuelle mène à l'extase ; et de l'extase à la manie il n'y a qu'un pas.

Van Swieten a observé que la colère ou le chagrin étaient fréquemment la cause de la manie qui naît dans les femmes en couche. Les Hôpitaux sont remplis d'infortunés, à qui l'ambition ou des idées mystiques ont fait perdre la tête : la plupart de ces manies sont tristes et sombres ; il en est quelques autres de gaies. La manie que fait naître l'amour prend toutes sortes de caractères ; tantôt elle est vive et gaie, tantôt elle est sombre et mélancolique, quelquefois elle devient furieuse. Dans chacune de ces espèces il faut appliquer les règles prescrites pour le traitement de la manie, avec les modifications suivantes pour chacune d'elles.

Dans les femmes attaquées de manie pendant les couches, lorsque la maladie n'est pas ancienne et qu'elles jouissent d'une certaine force, la saignée est nécessaire et doit même être répétée plusieurs fois si les lochies sont supprimées, la violence du mal exigeant alors de faire plus d'attention à l'effet qu'à la cause : dans celles dont la maladie est plus ancienne, ou qui sont moins pléthoriques, les purgatifs seront plus efficaces ; et au bout de fort peu de temps, si elles ne sont pas guéries, les unes et les autres rentreront dans la classe des maniaques dont on a parlé ci-dessus.

L'érotomanie arrive presque toujours chez les jeunes gens, et la marche active y est nécessaire ; mais il vaut mieux multiplier les douches que de faire des saignées trop fréquentes et trop fortes. Il y a encore une autre précaution bien essentielle, c'est de veiller attentivement sur ces malades : la salacité, qui est un symptôme commun à tous les maniaques, est portée à un point extrême dans ceux-ci, et s'ils s'y abandonnent, ils tombent dans une faiblesse qui les rend incurables. Les remèdes qui abattent l'effervescence du sang et la fougue de l'imagination, les saignées, les bains, les douches, les boissons froides émulsionnées, seront les premiers employés ; ensuite on aura recours aux délayants, aux fondants apéritifs, et aux purgatifs qui donnent de la fluidité aux humeurs. Souvent, dit Lorry, la gale, les dartres ou toute autre affection impétigineuse, ont guéri cette manie. On renouvelle facilement cette observation chez les femmes affectées de la fureur utérine ; car chez la plupart de ces infortunées le mal a commencé par le dépôt d'une matière âcre et irritante sur les parties de la génération.

C'est particulièrement les maniaques qui ont perdu la raison par les passions qu'il faut isoler et récréer, autant qu'il sera possible ; car ils sont

plus exposés que tous les autres à la contagion de l'imitation. Vanhelmont[s]
dit avoir appris de plusieurs maniaques intermittents que l'accès com-
mençait par la contemplation d'une idée unique qui les poursuivait
partout, et qu'ils voyaient sans cesse malgré eux, comme si elle leur était
présentée dans un miroir ; et il est tout à fait naturel de croire que cette
image unique et menaçante est plus forte encore chez ceux dont la manie
a eu une source morale.

Ce que les passions font germer dans nos veines, les plantes
vénéneuses et les autres poisons peuvent le produire subitement ; le suc de
stramonium et de *jusquiame* , les baies de *solanum* , le bois de couleuvre,
produisent réellement un délire passager chez les gens les plus robustes, et
une forte manie chez les gens délicats ; les personnes qui en ont pris une
forte dose sont d'abord égarées et maniaques, et tombent ensuite dans un
assoupissement ou dans des convulsions mortelles : quand on a pris une
dose moyenne, la manie est passagère, surtout si l'on y remédie promptement. Les symptômes de cette manie sont tour à tour effrayants et risibles,
les malades enflammés par une imagination bizarre courent après des
êtres chimériques ; quelquefois ils dansent, ils chantent et se déguisent
d'une manière grotesque ; d'autres fois ils sont furieux, se font des
blessures mortelles, et ne ménagent pas davantage ceux qu'ils rencontrent. L'ivresse de notre pays indique bien le premier degré de cette manie,
tandis que le dernier degré ne se voit guère qu'en Orient, où des Musul-
mans fanatiques s'enivrent d'opium, au point qu'ils sortent comme des
furieux, pour égorger tous ceux qui se trouvent sous leurs pas. Le traitement de cette sorte de manie dans les premiers instants consiste dans
l'administration des vomitifs, et ensuite dans la boisson très abondante
d'acides végétaux : si la maladie était portée à un degré fort grave, il
faudrait la traiter comme une apoplexie, saigner une ou deux fois, insister
sur les lavements purgatifs, donner une décoction de séné pour boisson, et
appliquer plusieurs vésicatoires.

On ne dit rien sur la manie produite par un défaut organique, ni sur
celle causée par les vers dans le cerveau, parce que le diagnostic en est
aussi difficile que la cure en est impossible. La manie héréditaire est dans
le même genre, à moins qu'elle ne soit le produit de la faiblesse, ce qui la
ferait rentrer dans le cas de la manie de faiblesse de Sydenham. On pourrait cependant ajouter dans cette hypothèse l'usage des eaux thermales
sulfureuses, à l'intérieur et à l'extérieur.

---

s - Jean-Baptiste Vanhelmont (1577-1664). Tenant de la théorie des ferments dans
l'organisme. Il donne une explication de la vie animale en modélisant des principes
empruntés à la chimie.

La manie qui est à la suite d'un coup et d'une chute doit d'abord être traitée par la méthode générale ; et si l'on avait quelque signe de carie, ou quelque soupçon d'abcès, on pourrait tenter le trépan.

La Mélancolie est un délire continuel qui diffère de la manie en deux choses ; la première, en ce que le délire mélancolique est borné à un seul objet qu'on appelle point mélancolique ; la seconde, en ce que ce délire est gai ou sérieux, mais toujours pacifique : ainsi la mélancolie ne diffère de la manie que du plus au moins, et cela est si vrai que plusieurs mélancoliques deviennent maniaques, et que plusieurs maniaques à demi guéris, ou dans l'intervalle de leur accès, sont mélancoliques.

La mélancolie tire son origine d'une trop grande ou d'une trop forte sensibilité morale, qui fait que l'on attache à un objet quelconque un prix trop grand ou une attention trop longtemps soutenue ; ce qui fait qu'on ne voit plus cet objet sous son véritable rapport. Une fibre grêle, des nerfs trop mobiles, l'oisiveté, une vie molle, des méditations métaphysiques, des chagrins profonds dévorés dans un long silence, voilà la cause de cette première impression de l'esprit, qui est la source de la mélancolie. On lui a donné peut-être assez faussement le nom de mélancolie nerveuse ; mais soit qu'on la considère comme une première maladie, ou seulement comme le concours des causes disposantes à la mélancolie, cela est indifférent, puisque la mélancolie nerveuse produit toujours dans les humeurs une dépravation humorale qui agit particulièrement sur la bile, et qui a eu de tous les temps la dénomination de mélancolie ; qu'elle consiste dans l'épaississement du sang imprégné d'une humeur étrangère, poisseuse et aerugineuse ; que l'effet de cette humeur hétérogène est d'engluer le ventre, en ralentissant les excrétions, et de dessécher le cerveau, soit en lui envoyant des vapeurs, soit en le privant de sa partie la plus fluide.

Les symptômes de la mélancolie sont la maigreur, un teint sombre, vert ou plombé, des taches brunes, et quelquefois des excroissances adipeuses qui deviennent jaunâtres : l'élévation des hypocondres[t], des vents, des borborygmes, des anxiétés, la constipation, ou des déjections poisseuses, les urines d'un jaune-vert, des palpitations, un enchifrènement habituel, de la tristesse, de l'irascibilité, des bizarreries croissant sans cesse, enfin pour dernier degré, la préoccupation habituelle sur un objet, soit religieux, soit moral, soit de santé, soit physique, et les idées les plus fausses et les plus ridicules sur cet objet.

C'est à la société de guérir les causes morales qui disposent à cette triste maladie, et c'est elle qui doit arracher ces herbes funestes lorsqu'elles

---

t - Les hypochondres sont les régions latérales supérieures de l'abdomen.

sont tendres ; mais on ne peut considérer ici cette maladie qu'au moment où elle réclame les secours de la Médecine, c'est-à-dire quand elle est complète.

Lorsque les accès sont violents, que le sujet est pléthorique ou dans une circonstance qui peut faire craindre un reflux sanguin, comme dans l'âge critique des femmes, dans la suppression des règles, des lochies, ou dans tout autre cas semblable, il faut saigner hardiment. Lorry n'excepte pas même les personnes dont les nerfs sont mobiles et délicats. Sydenham, dit-il, saignait largement et avec succès dans l'affection hystérique et hypocondriaque : on peut encore ajouter que la maigreur ne doit pas faire illusion ; quoique maigres, ces malades sont très sanguins, leur pouls est dur et fort, et sans une ou deux saignées les remèdes dont ils ont besoin seraient souvent infructueux.

Mais après la saignée il faut bien se garder, dans cette maladie, de passer subitement aux purgatifs, quels qu'ils puissent être. La cause matérielle de la maladie contre laquelle tous les coups doivent être dirigés, est une humeur tenace, poisseuse, qui engorge les viscères, et tapisse le canal intestinal ; mais en même temps la fibre est irritable, le genre nerveux très mobile : dans une pareille disposition, que produiraient les purgatifs ? Rien autre chose qu'une augmentation de mal : les parties les plus liquides seulement seraient expulsées ; le noyau deviendrait plus dur, et la tension spasmodique plus forte. Ainsi, avant de purger, il faut délayer, détremper, et commencer à mettre en fonte cette humeur visqueuse qui est le principe de la maladie ; dès lors la marche est connue. Des tisanes légèrement apéritives, le petit lait, quelques prises de crème de tartre, des bains tièdes, un régime humectant : on passera ensuite aux fondants plus actifs, comme aux sucs d'herbes, aux bols savonneux, aux pilules composées avec de la gomme ammoniaque, la crème de tartre et le mercure doux ; enfin, quand l'humeur sera devenue mobile, ce qu'on apercevra, soit par la nature et l'abondance des excrétions, soit par la diminution des symptômes, on pourra purger et faire en sorte que les purgatifs se suivent rapidement. Les eaux minérales, apéritives et ferrugineuses sont très recommandées dans la convalescence de cette maladie. Si l'amélioration n'était pas fort sensible, ou qu'elle ne se soutînt pas, on saisirait un accès pour recommencer le traitement antiphlogistique ; on ferait succéder aux délayants, des purgatifs plus forts, dont on augmenterait par degrés l'efficacité, jusqu'à l'usage de l'ellébore, comme dans la manie. La douche, le séton et les autres moyens ultérieurs cités dans l'article précédent, seraient tentés pour dernière ressource.

L'Imbécillité, qui est le degré le moins effrayant et le moins dangereux de la folie, en apparence, est cependant, à juger bien sainement, le plus fâcheux état de l'esprit, puisqu'il est le plus difficile à guérir. Les imbéciles ne sont ni agités, ni furieux ; rarement sombres, ils montrent un visage stupidement gai, et sont à peu près les mêmes, soit qu'ils jouissent, soit qu'ils souffrent. L'imbécillité est la suite de la frénésie, de la manie, de la mélancolie longtemps prolongée. La sécheresse du cerveau la produit dans les vieillards ; la mollesse ou l'infiltration de ce viscère la fait naître chez les enfants ; les coups, les chutes, l'abus des liqueurs spiritueuses, la masturbation, un virus répercuté, en sont les causes journalières, et elle est une suite assez ordinaire de l'apoplexie.

Lorsque cet état est la suite ou la dernière période d'une autre maladie, il offre peu d'espérance. La fibre a perdu son ton, les nerfs sont sans énergie, le sang est à demi décomposé, et les forces ont déjà été épuisées par les remèdes dont les malades ont fait usage. L'humanité exige cependant qu'on n'abandonne pas encore ces malheureux, et cette attention est d'autant plus nécessaire qu'on en voit quelquefois guérir avec le temps par les seules forces de la nature. La première chose à faire est de les restaurer par de bonnes nourritures ; ensuite on leur fera prendre des eaux thermales factices, on les purgera avec la racine de bryonne et le jalap infusés dans l'eau-de-vie, ce qu'on appelle l'eau-de-vie d'Allemagne, et on essaiera ce que peuvent faire les bains froids et les douches. Dans le cas où ces malades seraient épuisés par les remèdes antérieurs, ou d'une constitution trop faible, on les traiterait comme les maniaques d'inanition, et on y ajouterait des commotions électriques, dont l'utilité, dans ces cas de faiblesse et d'apathie, est démontrée, sans qu'il y ait aucun risque à courir.

L'imbécillité produite par la masturbation ne pourra être attaquée que par les analeptiques, les toniques, les eaux thermales, les frictions sèches, et il n'y a pas d'inconvénient à tenter l'électricité.

Les coups et les chutes ne produisent l'imbécillité que par des abcès, des caries ou des épanchements séreux : si l'on n'ose pas tenter le trépan, on pourra du moins appliquer des cautères derrière les oreilles ; quelques Auteurs même ont proposé d'appliquer le moxa[u] sur la tête. Les Anciens appliquaient le feu le long de l'épine du dos, avec une hardiesse dont l'idée nous fait frémir, mais aussi ils avaient plus de succès que nous dans les maladies que nous regardons comme incurables. Si les sujets sont robustes, les purgatifs ne sont point contre-indiqués, et on les choisira dans les drastiques les plus forts.

---

u - Coton ou étoffe se consumant, fixé sur la peau. La douleur provoquée est censée exciter le système nerveux et dérive physiologiquement l'excitation morbide. Action progressive et prolongée.

Si l'on soupçonne qu'un virus répercuté est la cause de l'imbécillité, il n'est rien de meilleur que d'inoculer la gale, et ce moyen même pourrait être tenté sur tous les imbéciles, quand on n'aurait tiré aucun profit de celui qu'on aurait cru d'abord le plus efficace. Non seulement il y a lieu de conjecturer que plusieurs de ces malades se trouveraient bien de la révolution opérée par la nouvelle maladie, mais on pourrait espérer que les purgatifs qu'on emploierait ensuite pour guérir la gale, seraient avantageux pour un certain nombre : si le virus répercuté était celui d'un ulcère, on emploierait les moyens propres à le renouveler.

L'ivresse et les poisons produisent une imbécillité passagère, qu'on traitera comme la manie ; et si elle persévérait, elle exigerait les purgatifs et les fortifiants.

Enfin, l'imbécillité, qui est la suite de l'apoplexie, sera attaquée par les cautères, les eaux thermales, les purgatifs drastiques. La commotion électrique est d'autant plus recommandable en ce cas, que plusieurs membres sont ordinairement paralysés ; quelques observations modernes prouvent que la teinture de cantharides[v] a eu de l'efficacité en pareille circonstance ; mais c'est un remède délicat, qui ne peut être administré que sous les yeux d'un médecin sage et éclairé.

FIN

---

v - La cantharide ou mouche espagnole était connue pour avoir des effets aphrodisiaques. Les fragments microscopiques des ailes, même très finement pilonnées et filtrées ne se dissolvaient pas et provoquaient des blessures importantes de l'urètre. Ici c'est l'effet rubéfiant, qui rend les fonctions vitales plus actives, qui est recherché.

Robert Fleury, *Pinel délivrant les aliénés*

GUILLAUME DAIGNAN

RÉFLEXIONS D'UN CITOYEN

**Sur ce qui intéresse le plus essentiellement
le bonheur de tous les Ordres de la Société,
adressées à l'Assemblée Nationale,
spécialement sur l'Éducation, les Subsistances,
la Santé, les Mœurs et l'Ordre Public.**

A PARIS.
Chez LAMY, Libraire, Quai des Augustins,
Et chez les MARCHANDS DE NOUVEAUTÉS.

DE LA SANTÉ.

Ce serait ici le lieu de ranimer et d'exciter puissamment le zèle de toutes les âmes sensibles, si les monuments, qui existent partout, n'attestaient pas qu'on a épuisé tout ce qu'on pouvait attendre de la pitié, de la compassion, de la charité et de toutes les vertus chrétiennes, pour assurer des asiles à l'humanité.

Il n'y a point de ville un peu considérable, qui n'ait un ou plusieurs hôpitaux, des hospices, des infirmeries, des maisons de charité, des maisons de santé, des retraites et différents autres établissements de ce genre, pour les pauvres malades et les malheureux. Partout on trouve des officiers de santé qui se font un devoir, ou qui sont stipendiés pour les secourir, et des corps religieux spécialement voués pour les servir ; et partout on remarque un zèle au-dessus de tous les éloges, que la véritable piété peut seule inspirer.

Si on considère ces établissements dans leur institution, il n'y a rien de plus admirable ; c'est tout ce que les hommes ont pu imaginer et faire de plus divin.

Si on les considère dans leur administration et dans la manière dont ils sont gérés, il n'y a, en général, rien de si vicieux, rien de plus affligeant, rien de plus humiliant, rien de plus révoltant, rien de plus désespérant. Je ne citerai sur cela que des preuves de fait, et je les emprunte de deux ouvrages très récents, qui ne sont pas suspects ; du Rapport de l'Académie Royale des Sciences sur l'Hôtel-Dieu de Paris, et du très excellent ouvrage de M. Tenon, à l'appui de ce Rapport. Il est dit dans l'un et dans l'autre de ces ouvrages, et particulièrement dans le dernier, qu'à Edimbourg la perte des malades est de 1 sur 25 1/2

à Saint Denis de	1	15 1/8
à Lyon de	1	13 2/3
à Vienne en Autriche de	1	13 1/5
à Rome de	1	11

à Etampes de	1	10 1/2
à Rouen de	1	10
à Versailles de	1	8 2/5
à Londres de	1	8 1/3
à la Charité de Paris de	1	7 1/2
à l'Hospice de St Sulpice de	1	6 1/2
à l'Hôtel-Dieu de Paris de	1	4 1/2

Grands Dieux ! quel carnage ! Jamais la guerre, la peste, la famine, la rage, la foudre et tous les fléaux réunis n'en firent un pareil.

Remarquez qu'il n'est nulle part aussi extrême qu'à Paris et à l'Hôtel-Dieu de Paris, dans la capitale de la nation la plus compatissante, la plus douce, la plus humaine, la plus polie, la plus sensible, la plus charitable, la plus éclairée... A l'Hôtel-Dieu de Paris ! ... N'est-ce pas une dérision ? n'est-ce pas une injure faite à la Divinité ? n'est-ce pas une impiété ? ... Que dis-je ? n'est-ce pas un sacrilège que d'appeler ainsi le gouffre, où s'engloutit tous les jours l'espèce humaine ?

Ajoutez à cela que, d'après les détails de M. Tenon lui-même, qui ne sont que trop vrais, si on comptait les femmes accouchées et les enfants qui sortent de cette piscine infecte pour aller mourir ailleurs, la perte serait au moins de 1 sur 3.

Ajoutez encore que, d'après ces mêmes détails, la mort est un des moindres maux de ce lieu d'horreur et de carnage ; que si on pouvait apprécier l'excès de cruauté et de barbarie qui s'y exerce sous toutes les formes et sous le masque de la charité, on serait forcé de convenir que la dénomination de *Boucherie du genre humain*, est un terme trop doux, pour désigner cet antre du *Désespoir*, qui est plutôt la vraie image que le simple emblème de l'*Enfer*.[1] Parmi les abus innombrables de cette maison

---

1 - Je ne crois pas qu'il y ait dans l'Univers entier un lieu aussi horrible, aussi affreux, aussi détestable, aussi antihumain, que l'Hôtel-Dieu de Paris, si ce n'est Bicêtre, son digne pendant. J'étais fort jeune lorsque j'eus l'occasion d'y entrer, en me promenant de ce côté. Mon cœur fut si affecté de toutes les horreurs que j'y vis en moins d'une heure, que je regrettai de me trouver dans la classe des humains, et que j'en fus malade pendant plus de six mois, d'une sombre mélancolie, qui approchait beaucoup de la maladie du pays *Nostalgia*, que je ne vins à bout de vain-cre qu'en prenant la forte résolution de m'occuper toute la vie des misères humaines. J'ai tenu jusqu'ici ma parole. Le souvenir qui m'en reste, et l'impression que j'en ressens toutes les fois que j'y pense, est si forte et si désagréable, que je ne me sens pas en état d'en parler, sans que la plume me tombe des mains. Cependant, comme il est essentiel de faire connaître ce Tartare, je vais emprunter un passage des études de la nature par M. Bernardin de Saint-Pierre,

infernale, il y en a deux qui de tout temps ont plus fixé notre attention, et qui frappent tout le monde, parce qu'ils sont les plus intolérables, les plus révoltants, et les plus destructifs.

Le premier consiste en ce que, malgré les lumières du siècle, on y conserve encore tous les anciens usages les plus absurdes, qui ont été introduits par l'ignorance et par la barbarie ; entre autres celui d'y préférer des lits de plume, qui est de toutes les matières la plus propre à conserver et à propager la contagion, et d'entasser dans chacun de ces lits, qui sont à quatre rangs dans presque toutes les salles, jusqu'à huit personnes, qui y deviendraient nécessairement malades, si elles se portaient bien.

Le second de ces abus consiste en ce qu'au milieu de l'assemblage de tous les maux les plus graves, les plus compliqués, les plus désespérés et par conséquent les plus embarrassants, il y a huit ou dix médecins qui font leur besogne chacun séparément, sans jamais rien se communiquer, et un seul chirurgien-major qui, fier de cette espèce de souveraineté, coupe, taille et rogne de son côté, toujours sans hésiter, et sans jamais avoir l'air de douter. Il y a plus ; c'est qu'avec la certitude confirmée par l'expérience de tous les temps, que certaines opérations n'y ont jamais réussi, entre autres celle du trépan, on ne manque pas de trépaner, comme de faire telle autre opération que ce soit, toutes les fois que l'occasion s'en présente.

Connaissant en général, car il est difficile de les connaître en particulier, les rubriques de cet enfer anticipé, comme je les connais depuis plus de 35 ans, je mets en fait, que si on établissait des cabanes dans la plaine de

---

sur les Maisons de Force où l'on enferme les fous, qui en donnera une idée assez exacte, quoique bien faible, ainsi que de tous nos autres établissements publics de cette espèce.

« Parmi nous, dit cet inappréciable auteur, unique dans son genre, le nombre des fous enfermés est très grand. Il n'y a pas de ville de province un peu considérable qui n'ait une maison destinée à cet objet. Leur traitement y est certainement digne de pitié, et mériterait l'attention du Gouvernement, puisqu'enfin, si ce ne sont plus des citoyens, ce sont des hommes, et des hommes innocents. Lorsque je faisais mes études à Caen, je me rappelle en avoir vu dans la Tour aux fous, qui étaient renfermés dans des cachots où ils n'avaient pas vu la lumière de puis 15 ans. J'accompagnai un soir, dans une de ces horribles cavernes, le bon Curé de Saint-Martin, chez qui j'étais en pension, et qui fut appelé pour administrer les derniers sacrements à un de ces malheureux qui était prêt d'expirer. Il fut obligé, ainsi que moi, de se boucher le nez pendant tout le temps qu'il fut auprès de lui; mais la vapeur qui s'exhalait de son fumier était si infecte, que mon habit en conserva l'odeur plus de deux mois, et même mon linge, après avoir été plusieurs fois au blanchissage. »

Voilà un échantillon qui peut donner une faible idée de Bicêtre. Il serait bien à souhaiter que M. Tenon en eût fait une analyse aussi exacte que de l'Hôtel-Dieu de Paris, dont les détails, quoique révoltants, seraient peut-être plus supportables que ceux de ce repaire abominable.

Grenelle, pour y déposer sur la paille les malades qu'on reçoit journellement à ce prétendu Hôtel-Dieu, sans autre secours que la nourriture, les
boissons appropriées et la propreté, il en périrait la moitié moins.

Cependant, d'après tous ces détails qui pétrifient l'âme et qui feraient
impression sur un cœur de bronze, M. Tenon conclut et propose d'établir
quatre nouveaux grand hôpitaux à Paris. Ne serait-il pas plus juste, plus
raisonnable et plus conséquent, de conclure qu'il faut les détruire tous de
fond en comble ? ... Mais non.

La destruction est l'extrême des abus. Nous en avons un exemple
frappant dans la suppression encore récente des hôpitaux militaires, dont
on se charge de démontrer, quand on voudra, l'inconséquence, l'absurdité,
les suites funestes, et peut-être les vues criminelles de ceux qui l'ont
imaginée, par le dommage qui doit nécessairement en résulter et qui en
résulte, dès à présent, pour le Roi, pour l'État et pour l'humanité. [...][a]

Mais revenons aux hôpitaux en général, et à ceux de Paris en
particulier, et voyons si, dans l'état actuel des choses, au lieu de les détruire
ou de les multiplier, il ne serait pas possible d'en tirer un meilleur parti,
d'en corriger les abus, ou au moins de les rendre moins dangereux et
moins funestes. Nous croyons tout cela non seulement possible, mais
encore facile.

Il y a à Paris, selon M. Tenon, 48 hôpitaux, dont 22 pour les malades, 6
où les malades et les valides sont mêlés, et 6236 malades qui y sont traités
journellement.

En répartissant également ces 6236 malades entre les 28 hôpitaux qui
leur sont destinés, il se trouverait 222 malades pour chaque hôpital.

S'il est certain que chacun de
ces 28 hôpitaux n'est pas assez spacieux, ni disposé pour recevoir 222
malades, il est aussi certain qu'il y en a au moins deux qui,
conjointement ou séparément peuvent en recevoir 1200 ; tels l'Hôtel-
Dieu et Saint-Louis, ce qui fait un total de 2400,

	ci	2400

Deux qui pourraient en recevoir
800, tels que Bicêtre et la Salpêtrière,

	ci	1600

Deux qui pourraient en recevoir
600, tels que les Incurables et les
Petites Maisons,

	ci	1200

---

a - Suit un paragraphe sur les hôpitaux militaires.

Deux qui pourraient en recevoir
500, tels que l'Hôpital Général
et ses dépendances,

ci   1000

Deux qui pourraient en recevoir
400, tels que Sainte Anne et la
Charité,

ci   800

Total   <u>7000</u>

Voilà un expédient plus que suffisant, pour placer commodément 6236 malades, puisque le résultat en suppose 7000.

Je sens bien qu'on ne manquera pas de dire que cet arrangement n'est qu'imaginaire, et ce calcul purement idéal. Quoiqu'il me fut très possible de justifier l'un et l'autre, non par une connaissance bien exacte du local, mais bien par la certitude que j'ai des changements qu'on pourrait y faire avec moins de dépense qu'il n'en faudra pour un seul des grands hôpitaux qu'on propose, je ne veux me servir de cette supposition, que pour faire sentir qu'avec moins de dépense encore, il serait possible de disposer les 28 hôpitaux et leurs dépendances de manière à ce que les malades y seraient beaucoup mieux qu'ils n'y sont.

Mais en laissant les choses telles qu'elles sont, voici encore un autre expédient plus sûr, plus facile, et surtout plus avantageux et plus applicable à tous les hôpitaux possibles et imaginables.

M. Tenon ajoute qu'il y a 14105 pauvres valides et 15000 enfants trouvés qui, joints aux 6236 malades forment un total de 35341 indigents qui sont journellement secourus et traités dans les 48 hôpitaux de Paris.

Sur cela, l'expédient que j'ai à proposer est de diminuer le nombre des malades et des pauvres, et je répète que je crois cela non seulement possible, mais encore très facile.

Pour diminuer partout le nombre des malades et des pauvres, il faut prévenir ou détruire les causes qui produisent les maladies et le besoin, qui les aggravent, qui les compliquent, et qui les rendent incurables ou funestes... Or, quelles sont ces causes ?

Il y en a de générales et de particulières qui tiennent à la constitution, à la situation, à l'état de chaque individu ; et les unes et les autres peuvent être attaquées avec avantage.

La misère est certainement une des grandes causes des besoins et des maladies du peuple, celle qui les aggrave, qui les complique et qui les rend le plus rebelles. Nous proposons des moyens pour extirper la mendicité, pour animer l'industrie, pour exciter l'émulation dans tous les états, en pourvoyant à la subsistance de chaque individu. C'est donc un expédient infaillible pour diminuer en même temps le nombre des malades et des pauvres. [...]

Le luxe, le libertinage, la crapule, la débauche sont une autre cause générale de la misère et des maladies. Nous proposons des moyens pour corriger les mœurs, pour empêcher la perte du temps, pour prévenir l'oisiveté et tous les vices qui s'ensuivent. [...]

L'infection, le mauvais air, la mauvaise nourriture, la malpropreté, le défaut de soin sur soi et autour de soi, sont encore une grande cause de la misère et des maladies, et celle qui contribue le plus à les faire dégénérer. Nous proposons des moyens de subsistance, de propreté et de salubrité, applicables dans tous les lieux du Royaume. [...]

La délicatesse, les difformités et les vices de la constitution des individus sont les suites du luxe, du libertinage, de la misère, des maladies, et surtout de la mauvaise éducation physique et morale de la jeunesse. Nous proposons des moyens pour réformer cette éducation : [...] (gymnastique des enfants convalescents et infirmes, faibles et délicats).

Enfin la mauvaise administration des hôpitaux, les désordres, les vices de tout genre qui y règnent presque partout, et dans toutes les parties sans exception, aggravent et mettent le comble à toutes ces causes. Il est donc indispensable d'y remédier. Outre les moyens que nous proposons ici, on en trouvera beaucoup d'autres plus détaillés dans l'ouvrage qui a pour titre : *Ordre du service des Hôpitaux Militaires, ou détail des précautions que les Officiers de santé, les principaux employés et les servants de toute espèce, doivent prendre pour assurer le succès du traitement des malades.*[b]

Serait-il possible que tous ces moyens réunis ne fissent pas un vide suffisant dans les hôpitaux pour que les malades et les pauvres y fussent plus à l'aise et moins entassés ? Supposons-le, pour un moment, et cherchons-en d'autres.

M. Tenon observe que, dans un temps reculé, il n'y avait à l'Hôtel-Dieu de Paris, que 8 à 900 malades ; qu'en 1651 ils montaient de 17 à 1800 ; qu'en 1663 ils s'élevaient à 2500, et vers 1765 à 3000, et que M. Cochu médecin de l'Hôtel-Dieu pendant 40 ans, en porte le nombre de 3000 à 3500.

---

b - Paris, 1785.

Si on nous disait que cette différence vient de la différence qu'il y a eu dans la population de Paris depuis 1651 jusqu'en 1786, où l'Almanach de Paris fait monter le nombre des malades de l'Hôtel-Dieu jusqu'à 4000, nous ne croirions pas cette raison valable ; parce que s'il a pu y avoir une grande différence dans la population de Paris depuis 1651 jusqu'en 1765, il y en a eu certainement fort peu, depuis 1765 jusqu'en 1786. Cependant les malades, les maux et la mortalité ont augmenté progressivement et dans la même proportion.

Nous restons donc persuadés qu'il y a d'autres causes de cette augmentation progressive, extraordinaire et étonnante. Nous croyons même que ces autres causes sont différentes de celles que nous venons d'indiquer ; et que nous ne dissimulons pas que nous sommes intimement convaincus que ces causes dépendent, en grande partie, des abus mêmes de l'art de guérir, ou de la manière dont on fait la médecine et la chirurgie dans les hôpitaux, car où n'y a-t-il pas des abus ? Et puisqu'ils sont insé-parables de toutes les choses humaines, il faut voir au moins si dans un objet aussi important que le sont l'administration et la partie curative des hôpitaux, il n'est pas possible de corriger les uns et de diminuer les autres. Nous nous contenterons cependant d'avoir dit dans le début de cet article que l'administration est vicieuse en tous points, pour deux raisons ; la pre-mière, c'est parce qu'en regardant cette partie de trop près, nous serions obligés de relever des turpitudes qu'on aurait peine à croire même en les voyant ; la seconde, c'est parce que tout le monde est en état d'en juger. Il n'en est pas de même dans la partie curative, et c'est pour cette raison que nous devons nous en occuper plus particulièrement.

Il est certain que les connaissances en tout genre se sont infiniment étendues depuis un siècle, surtout en chirurgie ; mais les connaissances ne sont-elles pas un des plus grands et des plus redoutables écueils lorsqu'elles s'entrechoquent, lorsqu'on en abuse ; et c'est ce qui arrive lorsqu'on les porte trop loin et qu'on en fait une fausse application. Il est un point phy-sique au-delà duquel le bien devient un mal, et on aperçoit rarement ce point dans le délire de l'amour-propre et de l'enthousiasme, où l'on se per-suade que l'on peut faire agir la nature à son gré.

La médecine et la chirurgie sont-elles à l'abri de ce reproche ? Non seulement elles manquent d'ensemble, mais elles sont devenues presque étrangères l'une à l'autre et si antipathiques, qu'elles se contrarient ouver-tement. C'est ce qui nuit le plus à leur succès.

La chirurgie, quoi qu'elle ait infiniment acquis, tandis que la médecine n'avait plus rien à acquérir pour sa solidité [...] et quoi qu'elle ne soit nulle part aussi brillante, ni aussi bien cultivée qu'à Paris, est encore si neuve, si incertaine sur bien des points, si difficile et si compliquée, malgré tous ses progrès, qu'elle s'est partagée d'elle-même en plusieurs branches, pour ainsi dire exclusives l'une de l'autre, puisqu'il y a des oculistes, des dentistes, des accoucheurs, des herniaires, des renoueurs, etc., qui se piquent de n'avoir rien de commun les uns avec les autres, et chacun d'eux rien de commun avec la médecine.

Par quel excès d'aveuglement et de déraison, a-t-on donc confié toute la chirurgie à un seul maître[c] dans les plus grands hôpitaux comme dans les plus petits ? Tandis que dans les premiers il devrait y en avoir de tous les genres, et notamment à l'Hôtel-Dieu de Paris, puisque les cas extraordinaires très rares dans le public sont très communs dans cet hôpital, qui d'ailleurs devrait servir de retraite au moins à deux des plus anciens médecins et chirurgiens les plus expérimentés et les plus consommés dans la pratique, pour la diriger chacun dans sa partie, en se rassemblant tous les jours avec leurs maîtres respectifs, qui se connaissent à peine et qui semblent se fuir, tandis qu'ils ne peuvent réussir qu'en agissant de concert.

Par quel excès d'aveuglement et de déraison, ces despotes de la chirurgie, parce qu'ils ont plus besoin des secours de la médecine, la dédaignent-ils au point, qu'à l'Hôtel-Dieu même, on dirait qu'il y a un mur de séparation entre l'une et l'autre ; et que le même homme y fait indistinctement toutes les opérations, tandis que dans toute l'Europe il n'y a pas un seul chirurgien connu pour être en état de les faire toutes avec la même sûreté ?

Par quel excès d'aveuglement et de déraison, les chirurgiens les moins habiles, comme les plus habiles et ceux qui sont réputés les moins capables de faire leur propre métier, font-ils généralement partout la médecine, non seulement sans jamais appeler de médecin, mais encore en les excluant tant qu'ils peuvent ; tandis que les médecins étrangers à chaque faculté ne sont pas autorisés à la faire et qu'ils peuvent être poursuivis s'ils perdent un malade sans avoir appelé un maître de la faculté ?

Par quel excès d'aveuglement et de déraison, l'Académie elle-même de chirurgie, pour mieux marquer son dédain et son éloignement de la médecine, à qui elle doit tout son lustre et qui a encore besoin de son flambeau pour fixer même ses points les plus lumineux, a-t-elle établi une chaire de chimie, au lieu d'établir une chaire de mécanique pour perfectionner les connaissances du mécanisme de la machine humaine, les instruments, les bandages et enfin les machines propres aux fractures, aux luxations, la partie la plus essentielle de la chirurgie, dans laquelle la

---

c - En chirurgie la maîtrise était le grade le plus élevé. Il conférait le droit de former par l'apprentissage les futurs chirurgiens.

plupart des grands maîtres sont encore si peu versés, même à Paris, qu'on y a vu tout récemment breveter et stipendier à grands frais des renoueurs, à qui leurs succès semblent avoir réservé cette partie ? Avant de faire le métier des autres, il faut savoir faire le sien imperturbablement.

Par quel excès d'aveuglement et de déraison, après avoir senti les maux qu'a produits l'éloignement de la chirurgie et de la médecine, en a-t-on, encore tout récemment, éloigné de même la pharmacie, qui doit lui être de droit et de fait, naturellement subordonnée ?

Par quel excès d'aveuglement et de déraison, au lieu de chercher à mieux connaître et à bien préparer les remèdes simples que la nature prodigue partout, cette moderne et orgueilleuse pharmacie semble-t-elle vouloir exiger aujourd'hui que la médecine aille chercher la santé dans le creuset de la chimie, dont le propre est de décomposer, sans avoir l'avantage de composer ni de recomposer, ni même de conserver intactes les substances simples qui nous sont les plus analogues et qui nous fournissent les meilleurs remèdes ? *Choemia egregia medicinae ancilla, non olia pejor Magistra*. Voilà le sceau que la raison et l'expérience ont appliqué pour toujours à la chimie.

Par quel excès d'aveuglement et de déraison, a-t-on confié aussi, tout récemment, l'inspection de la salubrité, qui appartient en propre à la médecine, à des chimistes de profession qui, avec tous les moyens de connaître les propriétés et les qualités des mixtes, n'en ont aucun de s'assurer de l'impression que leurs émanations peuvent faire sur l'économie animale, absolument différente de tous les autres êtres de la nature ?

Par quel excès d'aveuglement et de déraison, a-t-on confié, plus récemment, l'inspection de tous les hôpitaux civils du Royaume à un seul homme[d] qui, en lui supposant tous les talents imaginables, ne serait pas en état d'en bien diriger le quart ?

Par quel excès d'aveuglement et de déraison, vient-on, plus récemment encore, de charger le même homme de l'inspection de tous les hôpitaux militaires qu'il connaît à peine, puisque, de son aveu, il n'y a été employé qu'en sous-ordre et dans sa plus grande jeunesse ? C'est sans doute pour qu'il serve plus mal les uns et les autres.

Par quel excès d'aveuglement et de déraison, y a-t-il eu pendant longtemps dans ces hôpitaux militaires, une multitude d'inspecteurs qui les connaissaient encore moins, sans jamais faire d'inspection ?

---

d - Il doit s'agir de Colombier. Dans ce cas, l'aveu de son ignorance en domaine de médecine militaire est modestie, en regard de ses publications sur le sujet.

Par quel excès d'aveuglement et de déraison, lorsqu'à force de cris et de sollicitations on s'est décidé à faire ces inspections, les a-t-on confiées à des gens qui n'étaient jamais entrés dans ces hôpitaux ; à des ineptes, à des jeunes gens sans expérience, et jusqu'à des élèves de renoueurs, qui n'y étaient employés que depuis quelques mois ; et cela sous les yeux et au mépris d'anciens officiers supérieurs de santé, qui y ont vieilli et qui y ont rendu les plus grands services.

Par quel excès d'aveuglement, de déraison, d'injustice et de délire, pour réformer et maltraiter ces officiers de santé, a-t-on métamorphosé tout à coup les chirurgiens-majors des régiments en médecins, avec la certitude que jamais aucun n'a également primé dans les deux professions, et que celui qui prime dans l'une ou dans l'autre devient bientôt médiocre et ne réussit jamais également bien dans l'une ni dans l'autre, lorsqu'il veut les réunir ?

Par quel excès d'aveuglement enfin et de déraison, le novateur téméraire, qui a imaginé ce plan si complètement absurde, est-il venu mettre le désordre dans toute la gestion des troupes, et préparer les voies à la perte et à la désolation de la France entière, après l'avoir ouverte à la famine, par la suppression de la Compagnie des vivres, qui a toujours si bien mérité du Gouvernement et qui, dans ce moment de disette, aurait été de la plus grande ressource pour le peuple, par ses approvisionnements, par sa vigilance sur les accapareurs, des crimes desquels ce cruel novateur devrait répondre personnellement à la Nation ?

Voilà les abus qu'il faut corriger, et mille autres qu'il faut prévenir. C'est là le moyen le plus sûr de diminuer le nombre des malades et des pauvres, en écartant la misère, en prévenant, en diminuant et en simplifiant les maladies et les moyens de les guérir.

En dernière analyse, jetons un coup d'œil sur les maladies elles-mêmes, pour voir si elles n'offriraient pas encore un moyen de diminuer le nombre des malades et des pauvres ; car les maladies sont souvent la plus grande source de la misère publique.

La *Nosologie méthodique* du célèbre M. de Sauvages et le *Tableau des variétés de la vie humaine*[e] ont réduit toutes les maladies dont l'humanité peut être affligée, à dix classes. Si on consulte ces ouvrages, on verra que la plupart des maladies de la première, de la quatrième, de la septième et de la dixième classe, ne sont et ne doivent pas être admises dans les hôpitaux.

––––––

e - *Tableau des variétés de la vie humaine, avec les avantages et les désavantages de chaque institution et des avis très importants aux pères et aux mères sur la santé de leurs enfants de l'un ou de l'autre sexe, surtout à l'âge de la puberté*, Paris 1786, 2 vol.

On y verra encore que les fièvres font les deux tiers de toutes les maladies ; et tout le monde sait que la plupart sont quotidiennes, tierces ou quartes. On sait encore, et on a fait voir tout récemment dans une dissertation, que les fièvres putrides et malignes, aujourd'hui si communes, sont par elles-mêmes fort rares ; qu'en général elles dépendent d'un mauvais traitement ; et il est aisé de démontrer qu'elles ne prennent le plus souvent ce caractère que dans les hôpitaux, dans les vaisseaux, dans les camps, dans les prisons et partout où l'on entasse des malheureux, puisqu'on les appelle fièvres d'hôpital, fièvres de vaisseau, fièvres de prison, etc.

En ramenant ces maladies à leur état de simplicité naturelle, il serait donc possible d'en décharger les hôpitaux. Si les hôpitaux et les prisons étaient mieux tenus, et si les malheureux y étaient moins entassés, non seulement ces complications n'auraient pas lieu, mais encore on préviendrait le scorbut, la cachexie, l'hydropisie[f], la phtisie et une infinité d'autres maux qui en sont une suite inévitable.

Ajoutez à cela que, par toutes ces précautions, on préviendrait encore infailliblement la plupart des épidémies et des maladies populaires, qui naissent bien plus souvent de la misère et des autres calamités publiques, que de l'altération de l'air ou d'autres causes accidentelles.

On ferait donc par là un vide considérable dans les hôpitaux et alors il suffirait d'avoir un hôpital pour chaque classe de maladies ; et comme il y a des classes qui seraient améliorées par des soins plus réguliers, et réduites à un très petit nombre de malades, on aurait non seulement la faculté de séparer les maladies contagieuses en subdivisant, pour ainsi dire, les classes, mais encore d'avoir des hôpitaux de réserve pour les aveugles curables, pour l'inoculation, pour les femmes en couches et pour les enfants, comme M. Tenon le désire.

Il résulterait de là un avantage unique qu'on ne peut pas espérer de se procurer par tout autre moyen ; c'est qu'en attachant à chacun de ces hôpitaux des officiers de santé choisis, qui seraient essentiellement occupés d'un seul genre de maladies, on aurait dans peu des hommes d'un mérite rare et supérieur dans le traitement des maladies de toute espèce ; et la certitude que le public aurait de ne pouvoir plus faire un choix au hasard, dans les cas graves et pressants, porterait dans son esprit un calme et un degré de confiance qui contribuerait encore infiniment à diminuer les maladies ou les accidents qui ne naissent que trop souvent du trouble de l'âme et de l'incertitude où l'on est sur les talents de ceux à qui l'on s'adresse.

---

f - Cachexie : amaigrissement extrême, phase terminale de certaines maladies. Hydropisie : accumulation de sérosités dans une partie du corps.

De tout cela nous concluons que, bien loin de multiplier les hôpitaux, il faut les diminuer. Nous croyons cela non seulement possible, mais facile ; nous sommes même si intimement persuadés de cette vérité que nous offrons de répondre à toutes les objections qu'on pourrait nous faire à ce sujet.

64

C. Motte, *Philippe Pinel 1745-1826* (lithographie)

PIERRE - JEAN - GEORGES CABANIS

QUELQUES PRINCIPES
ET QUELQUES VUES
SUR LES SECOURS PUBLICS.

Rapports faits
à la Commission des Hôpitaux de Paris.
(1791 - 1793)

CHAPITRE VII.

Des maisons publiques et charitables
de fous.

§. 1er

La forme d'admission des pauvres dans les différents hôpitaux, particulièrement dans ceux de la commune de Paris[1], est une de ces causes directes de l'engorgement que ces établissements éprouvent ; elle est la cause éloignée de leur défaut de police ; elle est l'occasion, ou le prétexte de beaucoup de gaspillages. Pour pouvoir porter l'ordre dans les maisons de bienfaisance, il faut d'abord que la pauvreté véritable, la pauvreté sans ressources, sans moyen de subsistance, soit le seul titre pour y être admis. En recevant, presque au hasard, les individus qui se présentent, on met hors d'état de secourir tous ceux qui sont dans un besoin réel. L'examen de ces maisons prouve que le salut même des personnes qu'on y reçoit, indépendamment de toute vue économique, exige des règlements propres à limiter leur nombre, et qu'une humanité plus éclairée, ordonne d'écarter pour leur propre intérêt, la plupart de ceux qui viennent y solliciter un asile et du pain.

Ce principe, applicable à toutes les maisons d'indigents et d'infirmes délaissés, semble acquérir une nouvelle force, quand on l'applique aux établissements charitables pour le traitement des fous. Les formes de réception, si peu sévères en général, se relâchent encore d'une manière étonnante, à l'égard de cette classe d'infortunés. Les portes de hôpitaux s'ouvrent pour eux, en quelque sorte, à la première réquisition des parents, des amis, des voisins. On ne s'avise presque jamais de prendre des renseignements un peu circonstanciés sur les familles, qui, souvent, sont en état de fournir du moins à leur subsistance. Or, rien n'est plus absurde et

---

1 - Je n'ignore pas que quelques-unes des observations consignées dans cet écrit ne sont plus applicables aux hôpitaux du département de la Seine ; et c'est un témoignage que j'ai besoin de rendre à l'administration qui les régit maintenant.

plus,odieux, que de priver la classe évidemment pauvre d'une portion des secours qui lui appartiennent, pour la transporter à la classe qui vit dans l'aisance, et pour laquelle certainement ils n'ont jamais été destinés.

Les administrations départementales peuvent remédier, en partie, à ces inconvénients. Sans doute elles sont armées d'une force suffisante pour établir, dans l'étendue de leurs territoires respectifs, les formes qu'elles croient les plus convenables pour constater les vrais besoins ; elles sont très en droit d'exiger tel genre d'attestation qu'elles jugent à propos, de tous ceux qui réclament, ou pour qui l'on vient réclamer les secours publics ; elles peuvent leur imposer les conditions sans lesquelles ils ne seront point inscrits sur les registres de l'aumône nationale. Les règlements à faire, sur cet objet, seraient simples et d'une facile exécution.

§. II.

Mais une autre considération bien plus importante encore, appelle ici l'attention du législateur ; car, c'est à la liberté, c'est à la sûreté des personnes, qu'il faut pourvoir avant tout. En exerçant la bienfaisance, il ne faut pas violer les règles de la justice. Les hôpitaux sont faits pour soulager la misère, et non pour la créer. L'asile qu'on y donne à l'infortune, s'il n'est pas une récompense, ne doit point être un châtiment. Les départements de force, qui se rencontrent dans quelques-uns[1], sont absolument contraires à l'esprit de ces établissements ; ils ne leur sont associés que par un abus qui ne saurait être plus longtemps toléré.

Mais, indépendamment de ces lieux de détention, dont l'aspect contraste si cruellement avec celui de l'indigence secourue, ou de l'infirmité soulagée, nous avons trouvé, au sein même des asiles charitables, un autre genre de prison, d'autant plus odieux qu'on y a trop souvent renfermé et retenu des individus sans aucune forme régulière ; qu'il fournit tous les prétextes, ou qu'il offre toute l'apparence de l'utilité publique ; et que ses inconvénients tombent sur des infortunés qui, lors même qu'ils ne peuvent être confiés à leur propre direction, n'ont mérité que la protection plus spéciale de la loi.

Quand les hommes ont atteint l'âge où leurs facultés suffisent à leur conservation, la nature a voulu qu'ils ne fussent plus soumis à aucune autorité cœrcitive : la société doit respecter et remplir cette sage

---

1 - Bicêtre, que je prends pour exemple, renferme des pauvres libres et des prisonniers : la bienfaisance et le châtiment, le malheur et le crime, y sont placés à côté l'un de l'autre.

disposition. Quand les hommes jouissent de leurs facultés rationnelles, c'est-à-dire tant qu'elles ne sont pas altérées au point de compromettre la sûreté et la tranquillité d'autrui, ou de les exposer eux-mêmes à des dangers véritables, nul n'a le droit, pas même la société toute entière, de porter la moindre atteinte à leur indépendance ; et ses forces doivent, au contraire, si les circonstances l'exigent, se déployer avec appareil, pour en protéger l'exercice.

Mais, sitôt qu'un homme est dans un état de démence qui le rend, non seulement impropre aux offices de la vie, mais capable de porter le désordre ou l'alarme autour de lui, il n'y a pas de doute que la famille, les amis, les voisins, sont en droit de requérir l'autorisation de la puissance publique, pour s'assurer de sa personne, et le mettre dans l'impossibilité de nuire ; ou les secours de la même puissance, pour le faire admettre dans les lieux entretenus pour cet objet, aux frais de la nation. Que cet homme reste entre les mains de sa famille, ou qu'il soit remis en d'autres mains particulières pour être soigné, surveillé, traité ; dans les deux cas, on ne peut le priver de son indépendance qu'en suivant certaines formes légales : il est du devoir du magistrat de ne pas le perdre un instant de vue, et de se tenir toujours prêt à révoquer cette suspension de l'état civil et politique, au moment où les médecins, seuls juges compétents en ce cas, ne la trouvent plus nécessaire. Voilà pourquoi les lieux où les fous sont retenus, doivent être sans cesse soumis à l'inspection des différentes magistratures, et à la surveillance spéciale de la police : car, sans cela, des cachots pourraient s'ouvrir encore au gré des vengeances domestiques, remplacer, sous une forme plus révoltante, les donjons du pouvoir arbitraire, ou prolonger des détentions, peut-être originairement motivées, au gré du despotisme ou de l'avidité des familles.

Mais les fous n'appartiennent pas toujours à des personnes assez riches pour qu'elles puissent les faire soigner convenablement sous leurs yeux ; et, parmi nous, les établissements particuliers, pour la garde et le traitement de cette espèce de malades, sont encore assez rares. Pauvres, on les envoie sur le champ dans les hôpitaux qui leur sont affectés ; plus riches, après quelques essais infructueux, c'est presque toujours là, qu'en définitive, on les dérobe aux regards. Moyennant une modique pension, les familles s'imaginent être quittes envers l'humanité ; elles croient avoir rempli les obligations qu'imposent les liens du sang ; et souvent leur dure vanité s'empresse d'ensevelir, dans ces abîmes, de pénibles souvenirs, et d'y cacher des spectacles importuns et douloureux.

Ici, commencent les devoirs des administrateurs d'hôpital. Celui des tribunaux est de faire constater l'état de démence, avant d'accorder, sur la réquisition des familles, le moindre de ces actes judiciaires qui la supposent, et qui lui donnent une existence légale. Lorsqu'aux interdictions, qui sont les premiers de ces actes, se trouvent joints des ordres de détention, ces ordres ne peuvent être considérés que comme des mesures provisoires, exigées pour la conservation d'un individu, pour la paix d'une maison, pour la sûreté publique. Ils sont essentiellement révocables de leur nature ; ils le sont, pour ainsi dire, à chaque instant, parce qu'à chaque instant la raison qui les motive peut cesser. En général, la folie n'est pas plus une maladie à termes fixes, qu'une maladie incurable : en conséquence, ces ordres ne peuvent pas plus avoir leur effet pour des intervalles de temps déterminés, qu'un effet perpétuel.

Je suppose donc qu'un fou soit conduit dans un hôpital : je viens de dire que là commence le devoir des administrateurs de cette maison. Que feront-ils ? que doivent-ils faire ? le cas peut se présenter sous deux aspects très différents : il est indispensable de le considérer dans les deux hypothèses. La première, peut-être la plus ordinaire, est en même temps environnée d'incertitudes ; elle exige la plus sévère attention. Le malade arrive, conduit par sa famille, par des amis, par des voisins, ou par des personnes charitables : ces personnes attestent qu'il est véritablement fou. En outre, elles sont, ou ne sont pas munies de certificats de médecins : les apparences confirment, ou semblent contredire leur récit.

Quelque opinion qu'on puisse avoir alors, touchant l'état du malade, si d'ailleurs les preuves de sa pauvreté sont authentiques, il faut toujours le recevoir provisoirement : il faut le soumettre au régime et aux précautions cœrcitives que les faits allégués par ses conducteurs doivent naturellement prescrire. Mais sans perdre de temps, on l'observera sous tous ses rapports ; on le fera observer par les officiers de santé ; on le fera surveiller par les gens de service les plus intelligents, et les plus habitués à observer la folie dans toutes ses variétés, à la reconnaître dans toutes ses nuances. S'il en donne des signes manifestes, toute incertitude s'évanouit : on peut le retenir sans scrupule ; on doit le soigner, le mettre à l'abri de ses propres erreurs, et continuer courageusement l'usage des remèdes indiqués. Si, au contraire, après un temps convenable, on ne découvre aucun symptôme de folie ; si des perquisitions faites avec prudence, n'apprennent rien qui laisse soupçonner que ce temps calme n'a été qu'un intervalle lucide ; enfin, si le malade demande à sortir de l'hôpital, il serait inique et barbare de le retenir de force : il faut, sans retard, le rendre à lui même et à la société. Que, s'il demandait alors un asile dans quelque maison de pauvres valides, il se trouverait dans le cas de tous ces infortunés ; il resterait soumis aux mêmes règles pour son administration.

Dans la seconde hypothèse, un tribunal a prononcé l'interdiction du malade, et donné l'ordre de sa détention dans une maison publique de fous.

L'interdiction sert, pour ainsi dire, de base à l'ordre ; elle lui imprime un caractère légal. Dans le premier moment, son exécution doit être religieuse. Il faut donc recevoir le malade sans balancer, et se servir même, pour le retenir, si cela devient nécessaire, de tous les moyens d'empire et de force. Mais l'emploi de ces moyens ne peut être autorisé que pour un temps. Au moment où les administrateurs ont pu s'assurer, par des recherches faites avec soin, du véritable état du malade, leur conduite, à son égard, ne peut plus être tracée par une autorité étrangère. Si cet état se trouve tel que le jugement du tribunal l'indique, ce jugement doit avoir son effet dans toute sa teneur : le malade ne saurait être remis à sa propre garde. Si le malade, au contraire, ne présente aucune apparence de folie, on doit supposer qu'après avoir eu lieu pendant l'instruction de l'affaire, la maladie s'est dissipée dans la suite : et l'on peut, l'on doit même le mettre en liberté, nonobstant toute considération relative au mode de son entrée à l'hôpital, et sans être tenu de remplir aucune nouvelle formalité judiciaire. Dans un instant on va voir pourquoi.

Maintenant, on pourrait demander si le droit de retenir de force un insensé dans une maison de traitement, ou de détention, ne suppose pas toujours un ordre du magistrat, et tous les préliminaires sur lesquels cet ordre doit être fondé.

On peut se demander encore si, ayant été reçu suivant des formes légales, les portes peuvent se rouvrir pour lui autrement qu'en vertu d'un jugement régulier ? En un mot, la loi, ou celui qui l'applique, n'est-il pas la seule autorité compétente, soit pour enlever, soit pour restituer à un individu, la portion la plus précieuse de ses droits d'homme et de son existence civile, la liberté ?

Mais, en y réfléchissant, on trouve 1° qu'il y a de grands inconvénients à transformer en prisons judiciaires, les hôpitaux de fous qui, dans le fait, doivent être de simples infirmeries. Les moyens cœrcitifs y sont absolument du même genre, et ont uniquement le même objet que les liens, les menaces, ou les bras des serviteurs employés à contenir les malades, pendant le cours des fièvres avec délire furieux. A l'égard d'un frénétique, c'est au médecin qui le traite, c'est à l'infirmier[a] qui le surveille, d'estimer la nécessité de ces moyens, la durée de leur emploi, le moment précis où le malade peut être renvoyé sans crainte. 2° Les interdictions juridiques sont des actes conservatoires des propriétés, et ne peuvent être rien de plus : la détention des fous n'est point une exécution de sentence, mais une pure

---

a - L'usage du terme infirmier est déjà répandu. Voir à ce sujet Marcel Jaeger : *Garder, surveiller, soigner. Essais d'histoire de la profession d'infirmier psychiatrique*, Cahiers *Vie sociale et traitements*/CEMEA, n° 3 janvier 1990.

précaution de police ; et les administrations départementales étant chargées à la fois, et de la haute police, et de la grande administration des hôpitaux, c'est bien véritablement à elles, ou aux administrations particulières qui les remplacent pour cet objet, de prononcer sur tout ce qui est relatif au régime de ces maisons. 3° Il pourrait quelquefois résulter d'assez grands abus d'un conflit de juridiction établi entre des tribunaux, souvent prêts à empiéter sur les droits de toute autorité publique quelconque[1], et une administration qu'ils fatigueraient de leurs entreprises, qui serait forcée de se défendre contre eux, et qui, dans cette lutte, se laisserait détourner ou désintéresser de ses travaux. D'ailleurs, ce serait confondre, sans le moindre avantage réel, des fonctions absolument distinctes, et séparer d'autres fonctions qui, par leur essence, doivent rester unies dans les mêmes mains. 4° La folie n'étant, comme nous l'avons déjà dit, nullement permanente de sa nature, elle ne peut être constatée que pour l'instant même où se fait l'examen du malade. Un insensé, d'un moment à l'autre, recouvre souvent l'usage de sa raison ; et il doit rentrer, dès lors, dans toute la plénitude de son existence civile. Si les personnes auxquelles il est confié ne croient pas devoir le rendre sur le champ à lui-même, ce ne peut être que par un reste de crainte qu'une longue expérience a trop motivée. Mais il arrive un instant où son désir, formellement prononcé, et l'opinion réfléchie des gens de l'art, joint au jugement unanime des personnes qui l'approchent, ne permettent plus de le retenir de force. On sent bien qu'alors les lenteurs des formalités judiciaires pourraient prolonger des détentions arbitraires[2].

Ainsi donc, aucun tribunal, aucun juge ne peut avoir d'influence durable sur la détention des fous dans les hôpitaux : l'administration de ces établissements doit pouvoir prononcer dans cette matière, et déterminer les formalités qu'exigent, pour ses décisions, la justice et l'utilité. Elle doit pouvoir admettre, retenir, renvoyer, qui, et comment il lui semble juste, nécessaire et convenable. Mais comme, en recevant un individu à titre d'insensé, elle n'exerce, par cet acte, aucune juridiction sur son droit de propriété, lequel est uniquement du ressort des tribunaux ; de même, en lui rouvrant les portes de l'hôpital, elle n'annule point par là les interdictions juridiques qui peuvent avoir été prononcées : c'est à lui de recourir, pour les faire révoquer, aux moyens ordinaires prescrits par la loi.

---

1 - On sent que je parle ici, en général ; car assurément une pareille assertion serait bien peu applicable au moment actuel.
2 - Un fou doit être considéré sous trois rapports : comme malade, comme capable de nuire, et comme interdit. Les deux premiers rapports sont, relativement aux soins et aux précautions qu'ils indiquent, du ressort de la médecine, ou de la police ; c'est le dernier seulement qui est du ressort des tribunaux.

§. III

Les questions les plus épineuses, et touchant lesquelles il peut, en même temps, résulter, de la plus légère erreur, les plus fâcheuses conséquences, sont assurément celles qui se rapportent à la liberté individuelle. Le droit d'user de ses forces, d'en user comme il plaît, de les diriger vers le but quelconque qui peut promettre de nouvelles jouissances, est tellement inhérent à la nature humaine, que c'est principalement pour en assurer l'exercice que la société s'est formée ; c'est pour l'étendre, par cette sécurité, que la vie sociale s'est perfectionnée peu à peu, par la suite des âges. Ce premier motif de l'association doit toujours être présent au législateur. Toutes les institutions doivent en montrer le respect, en faire sentir l'importance, et sans cesse ramener l'opinion publique au culte sacré de la première loi, de la loi qui sert de base à toutes les autres. Mais, quoique la liberté et la sûreté de chacun, soit incontestablement l'objet qui le détermine à réunir ses volontés et ses forces à la masse commune, il n'en est pas moins vrai que la sûreté, que la liberté de tous, sont le suprême devoir des lois et des gouvernements. Ainsi, toutes les fois que l'exercice des droits particuliers met en péril ceux sur lesquels repose l'existence publique, la société peut restreindre les uns pour la conservation des autres ; elle peut, non seulement punir la violation des lois par les châtiments, par les mesures réparatoires, par les précautions que la nécessité suggère ; mais encore enchaîner les forces des individus qui menacent la tranquillité générale, réprimer tous les actes qui pourraient lui porter de graves atteintes ; c'est-à-dire, en d'autres termes, mettre le plus grand nombre de libertés individuelles au-dessus du plus petit, et ne pas asservir tous les citoyens, ou plusieurs, aux caprices ignorants de quelques-uns, ou d'un seul.

Mais si l'on veut fixer le terme précis, en-deçà duquel il serait injuste d'arrêter l'essor des individus, au-delà duquel il serait dangereux de lui permettre de se déployer : si l'on veut déterminer, à la rigueur, ce qui distingue une action coupable, ou menaçante pour l'ordre public, d'une action indifférente, dont la surveillance nationale n'a pas le droit de s'occuper ; une action raisonnable, ou qui du moins rentre dans l'ordre commun, d'une action évidemment folle, évidemment produite par un esprit égaré, faite pour exciter l'attention d'une police vigilante, et pour justifier des mesures répressives : alors, on sera souvent peut-être assez embarrassé ; et l'on voit bien clairement qu'en ce point, comme en beaucoup d'autres, la loi doit laisser quelque chose à la sagesse et à la conscience de ceux qui l'exécutent. C'est aussi pour cela qu'il faut exiger d'eux des talents et des vertus.

Les formes relatives à l'admission des fous dans les établissements publics, sont donc d'une grande importance, et les questions qui y sont relatives, méritent d'être discutées très sérieusement. Le point le plus essentiel est de savoir, non pas quelles mesures générales seront tracées et prescrites pour s'assurer de l'existence de la folie, car là-dessus, il ne peut y avoir beaucoup de doutes ; mais à quel pouvoir, ou à quel genre de fonctionnaires sera confié le soin d'exécuter ces mesures, de constater cette existence, et surtout de donner les ordres, en vertu desquels un individu pourra momentanément être privé, sur ce motif, de sa liberté et de l'exercice de tous ses droits.

Les imputations de folie ont plus d'une fois, servi de prétexte à de cruelles vexations : nous en avons trouvé quelques exemples aux loges de la Salpétrière[1]. L'administration nouvelle fit promptement réparer ces injustices ; mais d'infortunées victimes avaient longtemps gémi dans la plus désolante captivité.

Voici un autre abus moins grave, mais qui tient encore au despotisme et à l'avarice des familles. Parmi les folles que ce même hôpital renferme, plusieurs tiennent à des parents riches, ou qui du moins vivent dans l'aisance : quelques-unes leur ont laissé même des biens, auxquels, dans cet état déplorable, leurs droits ne restent pas moins étendus et moins sacrés. Il s'en manque beaucoup que toutes payent une pension proportionnée à leur fortune : il en est même peu pour qui les parents se soient engagés à payer une pension quelconque : enfin, et c'est une chose plus odieuse encore, il en est très peu qui reçoivent pour elles-mêmes quelques faibles secours.

A cela, je vois une double injustice. D'abord, il est injuste qu'un accident qui rend des soins assidus plus nécessaires, serve de motif pour dépouiller un individu des moyens de se les procurer. Il est, en second lieu, bien injuste encore, bien scandaleux, bien contraire à toute bonne administration, de souffrir que les revenus affectés à l'entretien des pauvres, soient employés à celui des riches, et qu'un grand nombre des premiers reste à l'abandon, parce qu'un grand nombre des autres, par l'impudeur des parents, vient partager leur patrimoine. L'administration des hôpitaux, en 1791 et 1792, a fait de vains efforts pour réformer ces abus[2] :

---

1 - En 1791 : c'étaient, à la vérité, des restes du système royal.

2 - Les fous enfermés dans les hôpitaux de Paris, appartiennent, ou peuvent appartenir à tous les départements de la république : il faut donc, pour la réforme dont

ils paraissent même ne pouvoir être attaqués d'une manière efficace, que par une administration générale, revêtue d'une grande autorité.

Jusqu'ici, nous n'avons parlé que des vexations auxquelles les détentions forcées dans les maisons de fous, peuvent donner lieu : c'était l'objet le plus important ; il fallait d'abord faire sentir combien il mérite d'attention.

Mais si, d'un côté, l'indigent et l'infirme se trouvent souvent, par une inique distribution, privés des secours que la munificence publique leur assigne ; si, plus souvent encore, par l'effet même de ces secours, ils se trouvent accablés de nouvelles calamités : d'un autre côté, l'on ne voit pas moins fréquemment la bassesse et la fainéantise feindre l'indigence, ou la maladie. Combien de faux pauvres dans les infirmeries de charité !

Partout, et chaque jour, des vagabonds jouent l'épilepsie et les autres maladies nerveuses convulsives. Dans les temps d'ignorance, ils se prétendaient possédés du démon ; ils provoquaient des exorcismes, accrédités par l'avidité des prêtres ; ils donnaient au peuple un spectacle dont la terreur et la pitié rendaient l'effet irrésistible : et dans cet état factice qu'ils se procuraient à plaisir, ils finissaient quelquefois par se fasciner eux-mêmes, et par croire sérieusement à leurs propres impostures. Mais un effet assez commun est l'altération qu'occasionne, dans le système nerveux, la répétition fréquente de ces mouvements désordonnés. J'ai vu, chez nos campagnards, plusieurs de ces fainéants, qui d'abord, avaient commencé par jouer les plus horribles convulsions, et dont bientôt les accès, en se répétant, étaient devenus involontaires et totalement incœrcibles. Aujourd'hui, principalement dans les grandes villes, ces misérables ne se disent plus possédés : mais ils feignent encore différents genres de mouvements convulsifs, qu'ils attribuent, tantôt à des coliques, tantôt à l'épilepsie. Il n'est pas jusqu'à la folie, qu'ils n'aient jouée quelquefois pour exciter la commisération, et tâcher d'obtenir de plus abondants secours. Quoique ce soit une bien déplorable ressource, et d'autant plus déplorable que la perte de la liberté et la réclusion dans les asiles les plus hideux est toujours le résultat inévitable de ce manège, des faits constants apprennent qu'il a, plus d'une fois, été mis en pratique. Plusieurs femmes enfermées à la Salpétrière, nous parurent en offrir des exemples évidents[1]. Après un séjour un peu long, elles s'étaient trouvé guéries ; elles jouissaient, en effet, de toute leur raison : mais, disaient-elles, quel moyen de subsistance leur resterait-il, si elles étaient renvoyées ? Elles avaient perdu leurs familles de

---

nous parlons ici, une autorité qui puisse atteindre partout également, ces familles dénaturées.
1 - En 1791.

vue ; elles étaient devenues étrangères à tout : à qui pouvaient-elles recourir ? Par quel genre de travail pouvaient-elles gagner leur pain ? En conséquence, elles demandaient à rester dans la maison, en qualité de ce qu'on appelle *bons pauvres*, et avec la liberté dont y jouit cette dernière classe d'infortunés. On ne peut guère douter que l'espoir d'obtenir une si triste faveur, n'eût été la véritable cause de cette folie passagère.

Sans doute la fraude est alors difficile à reconnaître, et toute erreur encore plus difficile à éviter : il faut bien s'en rapporter là-dessus, à la sagacité des surveillants, des gens de service, et beaucoup à celle des officiers de santé.

§. IV

Mais ce qui remédie à presque tous ces inconvénients, ou prévient toutes ces erreurs, c'est le travail. Un travail[1] convenable, bien dirigé, bien approprié aux forces et aux dispositions présumées de chaque individu, non seulement diminuera sur le champ, et d'une manière directe, la dépense des hôpitaux, mais, de plus, les délivrera par degrés, d'une manière paisible, de ce surcroît de faux pauvres qui les surcharge. A l'égard des fous, le travail offre même des avantages particuliers : il fera partie de leur traitement. Pour les guérir de leur maladie, il faut souvent commencer par les guérir de leur oisiveté ; c'est-à-dire ceux qui sont capables d'une occupation quelconque[2].

---

1 - L'observation faite ci-dessus, relativement aux prisonniers, s'applique également aux fous : on ne doit mettre, entre les mains des uns et des autres, que des instruments dont ils ne puissent abuser en aucune manière.

2 - En France, il n'existe point encore de véritables maisons de traitement pour la folie chronique. Dans plusieurs hôpitaux, tels que l'Hôtel-Dieu de Paris, on traite les fous par les moyens généraux, par les bains tièdes ou froids, par les saignées, les purgatifs drastiques : mais au bout de quelque temps, si ces moyens n'ont produit aucun effet utile, les malades sont abandonnés à leur destinée malheureuse ; on les enferme dans des hôpitaux de fous ; ou, quand les parents consentent à les garder chez eux, on les remet entre leurs mains.

La Commission des hôpitaux de Paris, voulant réparer les négligences de l'ancien Gouvernement sur cet important objet, avait formé le plan d'une grande infirmerie d'insensés des deux sexes. Mais il fallait des essais pour juger de ce qui était possible ; il fallait, surtout, faire sur le champ ce que les circonstances permettaient, et ne pas remettre à des époques éloignées les petites améliorations dont cette branche de la charité nationale était susceptible. Les premiers essais ont été commencés à la Salpétrière, sur les femmes qu'elle renferme : les désordres révolutionnaires empêchèrent d'y mettre la suite convenable.

C'est une belle partie de la médecine que l'histoire et le traitement de la folie : des faits bien choisis sur cette matière, éclaireraient singulièrement l'étude de l'homme*.

En effet, tant que des fous peuvent travailler, il faut leur fournir du travail. Toutes les bizarreries de l'imagination prennent une force singulière dans l'oisiveté ; et même, par cette seule circonstance, elles peuvent se transformer en véritable folie. Une occupation soutenue, en fournissant une pâture à l'activité de tous les organes, de ceux de l'esprit autant que de tous les autres, maintient les facultés dans un état d'équilibre : or, cet état constitue la santé du cerveau, comme celle des autres parties du système vivant. Ainsi donc, on occupera les fous dans tous les lieux publics destinés à les traiter, ou à les garder ; on emploiera même, s'il est nécessaire, un certain degré de terreur, pour forcer au travail ceux qui s'y refuseraient, et qu'on en jugerait capables.

Parmi les personnes tombées en démence, toutes ne le sont pas au même degré. Il en est qui sont très paisibles, et qu'on peut, sans inconvénient, laisser libres au sein de la société, ou du moins dans l'intérieur de leurs familles : plusieurs même sont en état de remplir certains offices de la vie. L'humanité, la justice, et les vues de la bonne médecine, ordonnent de ne renfermer que les fous qui peuvent nuire véritablement à autrui ; de ne resserrer dans des liens que ceux qui, sans cela se nuiraient à eux-mêmes. Les violences inutiles aggravent singulièrement la folie : la difficulté de la guérison augmente singulièrement, quand les malades sont enfermés à part et garrottés.

En Angleterre, toutes les fois qu'on est forcé d'employer la force pour les contenir, on le fait, non par le moyen des cordes qui meurtrissent toujours les parties qu'elles pressent, encore moins par celui des chaînes avec lesquelles ces malheureux se frappent d'une manière effrayante, se blessent, se disloquent, et souvent se cassent les os des bras et des jambes[1] : on se contente de les enfermer dans un gilet étroit de coutil, ou de toile forte, qui serre et contient les bras. L'expérience a prouvé que nul moyen cœrcitif n'est plus efficace. Après s'être débattus en vain pendant quelque temps, ces malades restent bientôt calmes. Cette pratique prévient tous les

---

* Depuis le temps où l'auteur écrivait ceci, Pinel a publié ses belles observations, et celles du respectable Pussin, son digne collaborateur. Voyez le *Traité de la Manie* et les *Mémoires de la Société médicale d'Emulation*. [Voir à ce sujet Jacques Postel : *Genèse de la psychiatrie*, Paris, 1981].

1 - Dans les loges de Bicêtre, on a vu souvent les fous furieux s'arracher les testicules ; et, ce qui est digne de remarque, on a vu qu'il ne survenait ni hémorragie, ni aucun accident grave. Au bout de quelques jours, cette plaie violente est guérie ; il n'y paraît plus. Cette circonstance n'influe d'ailleurs en rien sur la marche de la maladie. Ainsi donc, on peut assurer, d'une part, que la castration, quand les testicules et le cordon spermatique sont sains, est en soi peu dangereuse pour l'ordinaire ; et de l'autre, que certains praticiens, en la conseillant comme un moyen curatif dans le traitement de la folie, ne se sont appuyés que sur de vaines hypothèses.

inconvénients, tous les dangers ; et l'administration des autres remèdes en devient, à la fois plus commode et plus utile[1].

Dans nos hôpitaux, et même dans les hôpitaux anglais beaucoup mieux tenus, les fous sont placés trop près les uns des autres. Il y en a toujours plusieurs qui ne dorment pas, et qui, troublant le sommeil de leurs voisins, mettent le plus grand obstacle à la guérison de ces derniers. D'ailleurs, quoique les maladies des nerfs ne soient pas contagieuses, dans le sens qu'on attache ordinairement à ce mot, il est sûr que rien n'est plus dangereux, pour tous les sujets dont le système cérébral est faible, que l'aspect des personnes en démence ; à plus forte raison, cet aspect l'est-il pour des malades, dont la moindre secousse peut réveiller les maux, et qui, particulièrement enclins aux excitations vicieuses, se livrent d'autant plus facilement à celle des états convulsifs dont ils sont témoins, que ces états ont toujours quelques traits d'analogie avec leurs propres accidents. Les cris, le voisinage d'un fou, son idée seule que ce voisinage rappelle, empêche, ou retarde beaucoup leur rétablissement : et rien n'est plus nécessaire que de dérober ces tableaux aux regards d'un infortuné, qui peut y reconnaître sa propre image, et qui, dans ses premiers intervalles lucides, en gémira doublement sur son malheur.

§. V

Nous avons observé qu'une constitution politique, fondée sur la nature de l'homme et sur les règles éternelles de la justice, doit, à la longue, effacer presqu'entièrement les traces de la misère, et distribuer sans secousses, d'une manière plus égale, tous les moyens de jouissances. Faisant disparaître, et les richesses colossales, et l'extrême pauvreté, cette constitution peut beaucoup diminuer le nombre des crimes qui se commettent. Dans un régime véritablement libre, le nombre des pauvres auxquels il faut fournir du travail, des pauvres à nourrir, des malfaiteurs qu'il faut châtier, des enfants orphelins qu'il faut élever aux frais du public, doit nécessairement aussi diminuer d'année en année : et le nouvel ordre des choses, en supposant la législation tout entière digne des grands principes établis parmi nous, doit rendre, par degrés, l'aumône publique moins indispensable, et même laisser moins de choses à faire à la bienfaisance des particuliers.

---

1 La Commission des hôpitaux a fait introduire cet usage dans ceux de Paris.

J'oserai ajouter que, par l'effet des institutions sages qui constituent une véritable république, la démence et tous les désordres de l'esprit doivent également devenir plus rares. La société n'y dégrade plus l'homme ; elle n'enchaîne plus son activité ; elle n'étouffe plus en lui les passions de la nature, pour y substituer des passions factices et misérables, propres seulement à corrompre la raison et les habitudes, à produire des désordres et des malheurs. Les autorités révoltantes, les préjugés tyranniques cessent de lui faire la guerre ; les mœurs de l'ignorance, de la déraison, de la misère, ne l'environnent plus de leur contagion, dès le berceau. Soumis aux seules douleurs qui sont inséparables de sa nature, il ignorera toutes les altérations de l'esprit que produisent directement les désordres d'un mauvais état social, et par suite, les funestes penchants que développe son influence. Enfin, le moment viendra peut-être, où la folie n'aura d'autre source que le dérangement primitif de l'organisation, ou ces accidents singuliers de la vie humaine, qu'aucune sagesse ne peut prévenir.

Charles Muller, *Pinel faisant ôter les chaînes des aliénés de Bicêtre*

PHILIPPE PINEL

TRAITÉ MÉDICO-PHILOSOPHIQUE SUR L'ALIÉNATION MENTALE OU LA MANIE.

Paris, An IX (1800).

Section cinquième

Police intérieure et surveillance
à établir dans les hospices d'aliénés.

I

Avantage d'une distribution méthodique et
de l'isolement particulier des diverses
espèces d'aliénés dans les hospices.

Un hospice d'aliénés peut réunir les avantages du site à ceux d'un vaste enclos et d'un local spacieux et commode ; il manque d'un objet fondamental si, par sa disposition intérieure, il ne tient les diverses espèces d'aliénés dans une sorte d'isolement, et s'il n'est propre à empêcher leur communication réciproque, soit pour prévenir les rechutes et faciliter l'exécution de tous les règlements de police intérieure et de surveillance, soit pour éviter les anomalies inattendues dans la succession et l'ensemble des symptômes que le médecin doit observer et décrire. Une distribution méthodique des aliénés de l'hospice en divers départements fait saisir dans un clin d'œil les mesures respectives à prendre pour leur nourriture, leur propreté, leur régime moral et physique ; les besoins de chaque espèce sont calculés d'avance et prévus, les lésions diverses de l'entendement saisies par leurs caractères distinctifs, les faits observés réunis avec d'autres faits analogues, ou plutôt convertis en résultats solides de l'expérience ; c'est dans la même source que le médecin observateur peut puiser des règles fondamentales du traitement, apprendre à discerner les espèces d'aliénations qui cèdent plus ou moins promptement au temps et au régime, celles qui opposent les plus grands obstacles à la guérison, ou qu'on peut regarder comme incurables ; celles enfin qui réclament impérieusement l'usage de certains médicaments, même pour tout esprit judicieux et éclairé, qui ne veut ni s'exagérer leurs effets ni se dissimuler leurs avantages.

II

*Vues générales sur la distribution des aliénés
des hospices en divers départements.*

Il est plus facile de diviser les aliénés des hospices en espèces distinctes, que de construire un édifice distribué suivant cette division et propre à remplir pleinement sa destination primitive. Ce sera donc à l'architecte à se concerter avec le médecin pour faire, dans un hospice donné, les dispositions intérieures dont le local est susceptible, et dont on ne peut donner que les règles générales. Le médecin fera alors un recensement général des aliénés, prendra sur chacun d'eux les notices les plus complètes que les circonstances pourront le permettre, les distribuera ensuite en divers rassemblements isolés, et les fera placer dans les lieux les plus propres à contrebalancer leurs illusions, non moins qu'à concourir à la facilité et à l'exactitude de la surveillance. Ce sera dans un site agréable et dans un lieu propre à la culture des végétaux que seront placés les mélancoliques ; les maniaques en fureur ou dans un état d'extravagance seront confinés dans l'endroit le plus reculé de l'hospice, dans un local silencieux et sombre pour concentrer là leurs cris et leur tumultueux vacarme, ainsi que pour leur épargner toutes les impressions des sens propres à les exciter ; ceux dont la manie est périodique, seront retirés de ce local dans leurs intervalles lucides et ramenés parmi les convalescents. C'est surtout l'isolement de ces derniers qui doit être un point capital de tout hospice bien ordonné pour faire éviter les rechutes et produire un rétablissement solide et durable. Enfin, ne doit-on pas épargner aux uns et aux autres le spectacle de dégradation et de nullité qu'offrent la démence et l'idiotisme ? Des détails ultérieurs serviront à manifester ces principes.

III

*Efforts à opposer le plus souvent
aux idées dominantes des mélancoliques.*

«Il est vraisemblable, dit Montaigne, que le principal crédit des visions, des enchantements et de tels effets extraordinaires, vienne de la puissance de l'imagination, agissant plus particulièrement contre les âmes du vulgaire, plus molles.» C'est surtout aux illusions fantastiques, aux soupçons ombrageux, aux craintes pusillanimes des mélancoliques, qu'on peut particulièrement appliquer cette remarque judicieuse, et rien aussi n'est plus difficile que de les rectifier ou de les détruire. Comment en effet détromper des esprits souvent bornés et qui prennent les objets chimériques de leurs idées pour des réalités ; l'un ne voit autour de lui que des pièges et des embûches, et s'offense même des bons offices qu'on veut lui rendre ; l'autre, transformé en potentat, s'indigne qu'on lui donne le moindre avis ou qu'on résiste à ses volontés suprêmes ; certains passent la nuit dans la contemplation, parlent en inspirés, préparent des actes expiatoires au nom du Très-Haut, ou se vouent à une abstinence qui les exténue. Quelques-uns se croiront condamnés à la mort sous divers prétextes, et chercheront à la provoquer par le refus le plus invincible de toute nourriture, à moins que quelque heureux expédient ne triomphe de leur obstination. Un aliéné de l'hospice de Bicêtre, qui n'avait d'autre délire que celui de se croire une victime de la Révolution, répète jour et nuit qu'il est prêt à subir son sort, refuse de se coucher dans son lit, et reste étendu sur un pavé humide qui menace de le rendre perclus de tous ses membres. Le surveillant emploie en vain les remontrances et les voies de la douceur, il est obligé de recourir à la contrainte. L'aliéné est fixé sur son lit avec des liens, mais il cherche à se venger en refusant toute sorte d'aliments avec l'obstination la plus invincible[1]. Exhortations, promesses, menaces, tout est vain ; quatre jours se sont déjà écoulés dans l'abstinence la plus absolue. Il s'excite alors une soif très vive, et l'aliéné boit en abondance de l'eau froide d'heure en heure, mais il repousse avec dureté le bouillon même qu'on lui offre ou toute autre nourriture liquide ou solide. Son amaigrissement devient extrême ; il ne conserve plus qu'une apparence de squelette vers le dixième jour de ce jeûne effrayant, et il répand autour de lui une odeur des plus fétides ; son obstination n'en est pas moins inébranlable, et il se borne à sa boisson ordinaire ; on ne pouvait plus que désespérer de son état vers le douzième jour ;

---

1 - Les mélancoliques refusent quelquefois avec une obstination si invincible toute nourriture, qu'ils finissent par y succomber ; je me bornerai à un exemple rapporté par Haslam (*Observations on insanity*, etc. London 1789)*. Un homme âgé de 28 ans, tomba dans la mélancolie la plus profonde, et manifesta la plus grande aversion pour toute nourriture, en répétant sans cesse qu'il était résolu de se laisser mourir. Ce n'était qu'avec la plus grande difficulté qu'on parvenait quelquefois à lui faire prendre un peu d'aliments ; il s'affaiblit par degrés, tomba dans le dernier degré de marasme et finit par succomber ; à l'ouverture du corps on trouva le péricrâne très peu adhérent aux os du crâne, et ces os étaient d'ailleurs plus épais que dans l'état naturel. La pie-mère était gorgée de sang, ainsi que la substance médullaire du cerveau. La glande pinéale contenait une grande quantité de matière comme graveleuse. (Cette matière soumise à l'examen clinique a été reconnue pour du phosphate calcaire). Le cerveau avait sa consistance naturelle.

* [John Haslam (1764-1844). Pharmacien, puis médecin de l'hôpital Bethléem de Londres. Spécialiste des maladies du cerveau. *Observations on insanity, with Practical Remarks on the Disease and on Account of the Morbid Appearances on Dissection*, Londres, 1798.]

c'est à cette époque que le surveillant lui annonce qu'il va désormais le priver de sa boisson d'eau froide, puisqu'il se montre si indocile, et il lui substitue un bouillon gras. L'aliéné reste alors flottant entre deux impulsions contraires, l'une est celle d'une soif dévorante qui le porte à avaler un liquide quelconque, l'autre est une résolution ferme et immuable d'accélérer le terme de sa vie ; la première enfin l'emporte, il prend avec avidité le bouillon, et aussitôt il obtient, à titre de récompense, l'usage libre de l'eau froide. Son estomac un peu restauré lui fait éprouver un sentiment agréable, et il consent à prendre le soir même une nouvelle dose de bouillon ; les jours suivants il passe par degrés à l'usage du riz, du potage, des autres aliments solides, et reprend ainsi peu à peu tous les attributs d'une santé ferme et robuste. [...]

IV

Disposition du local
favorable aux mélancoliques.

Une connaissance profonde de la nature de l'homme et du caractère général des mélancoliques, a toujours fait vivement sentir la nécessité de leur communiquer des ébranlements profonds, de faire une diversion puissante à leurs idées sinistres, et d'agir par des impressions énergiques et longtemps continuées sur tous leurs sens externes. De sages institutions de ce genre font encore une partie de la gloire des anciens prêtres d'Egypte ; jamais peut-être on n'a déployé pour un but plus louable toutes les ressources industrieuses des arts, les objets de pompe et de magnificence, les plaisirs variés des sens, l'ascendant puissant et les prestiges du culte[2].

---

2 - Aux deux extrémités de l'ancienne Égypte, qui était très peuplée et très florissante, il y avait des temples dédiés à Saturne, où les mélancoliques se rendaient en foule, et où des prêtres, profitant de leur crédulité confiante, secondaient leur guérison prétendue miraculeuse, par tous les moyens naturels que l'hygiène peut suggérer. Jeux, exercices récréatifs de toutes espèces institués dans ces temples, peintures voluptueuses, images séduisantes exposées de toutes parts aux yeux des malades, les chants les plus agréables, les sons les plus mélodieux charmaient souvent leurs oreilles ; ils se promenaient dans des jardins fleuris, dans des bosquets ornés avec un art recherché : tantôt on leur faisait respirer un air frais et salubre sur le Nil, dans des bateaux décorés et au milieu de concerts champêtres ; tantôt on les conduisait dans des îles riantes, où, sous le symbole de quelque divinité protectrice on leur procurait des spectacles nouveaux et ingénieusement ménagés, et des sociétés choisies. Tous les moments étaient enfin consacrés à quelque scène comique, à des danses grotesques, à un système d'amusements diversifiés et soutenus par des idées religieuses. Un régime assorti et scrupuleusement observé, le voyage nécessaire pour se rendre dans ces saints lieux, les fêtes continuelles instituées à dessein le long de la route, l'espoir fortifié par la superstition, l'habileté des prêtres à produire une diversion favorable et à

Ces antiques établissements, si dignes d'être admirés, mais si propres à contraster avec nos mœurs modernes et l'état de nos hospices, ne montrent pas moins le but qu'on se doit de proposer dans tous les rassemblements publics ou particuliers de mélancoliques. Patience, douceur, sentiments de philanthropie dans le surveillant, assiduité constante dans le service pour prévenir les emportements et l'exaspération des esprits, occupations agréables et assorties à la différence des goûts, exercices du corps variés, habitation spacieuse et plantée d'arbres, toutes les jouissances et le calme des mœurs champêtres, et par intervalles une musique douce et harmonieuse, d'autant plus facile à obtenir qu'il y a presque toujours dans les hospices quelque artiste distingué de ce genre, dont les talents languissent faute d'exercice et de culture.

V

Quels préceptes peut-on donner contre la mélancolie qui porte au suicide ?

Les événements de la vie peuvent être si malheureux et si souvent répétés, ils peuvent porter un tel caractère de gravité et de désespoir, attaquer si directement l'honneur, la vie ou tout ce qu'on a de plus cher au monde, qu'il s'ensuive un sentiment extrême d'oppression et d'anxiété, un dégoût insurmontable de la vie et le désir d'en voir promptement le terme ; cette marche est encore plus rapide lorsqu'on joint une sensibilité très vive à une imagination ardente, et qu'on est habile à s'exagérer son état ou plutôt à ne le voir qu'à travers le prisme lugubre de la mélancolie. «Mon sang coule en flots et en torrents de désespoir, disait un malheureux dont Chrigton[a] rapporte l'histoire ; ce morceau de pain que j'arrose de mes larmes est tout ce qui me reste pour moi et pour ma famille ... et je vis encore ... j'ai une femme et un enfant qui me reprochent leur existence ... le devoir de tout homme est de conformer sa conduite à sa situation ; la raison le commande et la religion ne peut que l'approuver.» Cet homme,

---

écarter des idées tristes et mélancoliques, pouvaient-ils manquer de suspendre le sentiment de la douleur, de calmer des inquiétudes et d'opérer souvent des changements salutaires, qu'on avait soin de faire valoir pour inspirer la confiance et établir le crédit des divinités tutélaires ? *Nosographie philosophique*, Tome II.

a - Alexander Chrigton (1763-1856). Diverses orthographes de ce nom : Chricton, Chrichton, Cricton. A étudié la médecine à Paris avant de regagner Londres. *An Inquiry into the Nature and the Origin of Mental Derangement. Comprehending a consise system of the physiology and the pathology of the human mind and a history of the passions and their effects*, Londres, 1798.

doué d'ailleurs de bonnes mœurs et d'un esprit éclairé, profita un jour de l'absence de sa femme pour terminer sa vie. Un état inhabituel de maladie, la lésion grave d'un ou de plusieurs viscères, un dépérissement progressif peuvent encore aggraver le sentiment pénible de l'existence et faire hâter une mort volontaire. Mais à quoi peut tenir le désir irrésistible du suicide, qui ne dérive ni des peines d'esprit réelles ni des douleurs physiques ? «Je suis dans un état prospère, me disait un jour un de ces mélancoliques dont j'ai publié autrefois l'histoire dans un journal[3] ; j'ai une femme et un enfant qui font mon bonheur ; ma santé n'est point sensiblement altérée, et cependant je me sens entraîné par un penchant horrible à aller me précipiter dans la Seine.» L'événement n'a que trop confirmé cette disposition funeste. J'ai été consulté pour un jeune homme de 24 ans plein de vigueur et de force, dont ce dégoût de la vie fait aussi le tourment comme par accès périodiques, qui menace alors d'aller se noyer ou de se tuer avec une arme à feu, mais que la vue du danger jette dans l'effroi sans le faire cependant renoncer pour un autre temps à ce dessein funeste, toujours résolu et toujours ajourné de nouveau. C'est dans des cas semblables que des moyens énergiques de répression et un appareil imposant de terreur doivent seconder les autres effets du traitement médical et du régime.

VI

Les voies de douceur suffisent-elles pour calmer
quelquefois les aliénés les plus emportés ?

Tenir dans un état habituel de réclusion et de contrainte les aliénés extravagants, les livrer sans défense à la brutalité des gens de service, sous prétexte des dangers qu'ils font courir ; les conduire, en un mot, avec une verge de fer, comme pour accélérer le terme d'une existence qu'on croit déplorable, c'est là sans doute une méthode de surveillance très commode, mais aussi très digne des siècles d'ignorance et de barbarie ; elle n'est pas moins contraire aux résultats de l'expérience qui prouve que cet état de manie peut être guéri, surtout lorsqu'il est périodique, en accordant à l'aliéné une liberté illimitée dans l'intérieur de l'hospice, en le livrant à tous les mouvements de son effervescence emportée, ou du moins en bornant la

---

3 - *La Médecine éclairée par les Sciences naturelles*, par Fourcroy, 1792*.
*[Il doit s'agir vraisemblablement des "Observations sur une espèce particulière de mélancolie qui conduit au suicide", parues dans le journal de Fourcroy : *La Médecine éclairée par les sciences physiques*, tome I, pp. 154-159 (ici) et 199-201, 1791.]

répression au gilet de force, sans omettre les autres règles du traitement moral dont son état est susceptible. Rien n'est plus constaté que l'influence puissante qu'exerce le chef d'un hospice d'insensés lorsqu'il porte dans sa place le sentiment de sa dignité et les principes de la philanthropie la plus pure et la plus éclairée. Je puis citer ici pour exemple Willis, Fowlen, Haslam en Angleterre ; Dicquemare, Poution, Pussin en France[b] ; et en Hollande le concierge des fous d'Amsterdam[4]. L'homme grossier et d'un entendement borné ne voit que des provocations malignes et raisonnées dans les vociférations, les propos outrageants et les actes de violence de l'insensé ; de là la dureté extrême, les coups et les traitements les plus barbares que se permettent les gens du service, à moins qu'ils ne soient d'un bon choix et contenus par une discipline sévère. L'homme sage et éclairé ne voit au contraire dans ces explosions de la manie, qu'une impulsion automatique, ou plutôt l'effet nécessaire d'une excitation nerveuse contre laquelle on ne doit pas plus s'indigner que contre le choc d'une pierre entraînée par sa gravité spécifique. Il accorde à ces aliénés toute l'étendue des mouvements[5] qui peuvent se concilier avec leur sûreté et celle des

---

b - Thomas Willis (1621/22-1673/75). Médecin anglais qui se réfère au rôle des ferments dans l'organisme. Il défend l'origine cérébrale de l'hystérie. Au cours de ses recherches, a constaté la possibilité de la présence de sucre dans les urines. Il préconise la collaboration du médecin et du pédagogue dans le traitement des idiots.
Thomas Fowlen ou Fowler (1765-1863). Étudie à Paris avant de retourner à Edimbourg en 1790. Il établit des observations sur l'électricité animale et sur les effets de l'opium sur les nerfs et les muscles.
Abbé Jacques-François Dicquemarre (1733-1789). Professeur de physique et d'histoire naturelle au Havre.
Le Père Poution dirige l'asile de Manosque où il s'occupe plus particulièrement des enfants.
Jean-Baptiste Pussin (1746-1811). Malade tuberculeux, hospitalisé à Bicêtre. Guéri, il y travaille comme surveillant dès 1784. Ce n'est qu'en 1802 qu'il sera nommé à la Salpêtrière où il rejoindra Pinel.

4 - Un fou, dans la vigueur de l'âge et d'une force très grande, qui avait été amené lié et garrotté sur un chariot par sa famille, effrayait tous ceux qui l'avaient conduit, et personne n'osait le délier pour le conduire dans sa loge ; le concierge fit écarter tout le monde, causa quelque temps avec le malade, gagna sa confiance, et après l'avoir délié, le détermina à se laisser conduire dans la nouvelle demeure qui lui avait été préparée. Chaque jour il fit des progrès sur son esprit, il se rendit maître de sa confiance et le ramena à la raison. Cet homme est retourné au sein de sa famille dont il fait le bonheur. *Description de la maison des fous d'Amsterdam. Décade Philosophique*, 4ème année.

5 - Il m'a été facile de juger, par comparaison, de l'avantage d'éviter une réclusion trop étroite pour les insensés ; pendant que les plus extravagants et les plus furieux de l'hospice de Bicêtre étaient tenus à la chaîne dans leurs loges, ils étaient continuellement agités jour et nuit : ce n'était que vociférations, vacarme et tumulte ; mais depuis qu'on a établi l'usage du gilet de force ou camisole, et que ces aliénés ont obtenu la liberté d'errer dans les cours, leur effervescence s'exhale en efforts continuels durant la journée, ils s'agitent et se tourmentent sans danger, ce qui les dispose pour la nuit à un état plus calme et plus tranquille.

autres, leur cache adroitement les moyens de contrainte qu'il emploie, comme s'ils n'avaient à obéir qu'aux lois de la nécessité, leur cède avec indulgence ; mais il sait aussi résister avec force, ou éluder avec adresse leurs instances inconsidérées ; le temps orageux des accès maniaques se consume ainsi en ménagements étudiés, et les intervalles de calme sont mis à profit pour rendre par degrés ces mêmes accès moins intenses et moins durables.

VII

Les maniaques, durant leurs accès,
doivent-ils être condamnés à une réclusion étroite ?

«Dans l'état de fureur extrême, dit Fériar[c], il faut entraver par des liens les mouvements des bras et des jambes ; mais on doit s'en abstenir si on peut l'éviter ; les emportements et la violence d'un aliéné ne doivent point être réprimés par des coups ; je me borne à le faire enfermer dans sa loge ; il reste dans l'obscurité et les fenêtres fermées ; on ne lui accorde que de l'eau de gruau et du pain sec jusqu'à ce qu'il montre du repentir, ce qui ne tarde guère ; mais avant d'en venir à cette punition, j'essaie les voies de douceur et les remontrances ; car en général, ajoute le même auteur, les lunatiques ont un sentiment profond de l'honneur qui est plus efficace pour les rétablir que les actes de violence.» Une étroite réclusion, une solitude obscure et une nourriture légère peuvent être sans doute ordonnées comme une punition passagère des aliénés en fureur ; mais lorsque les accès sont de longue durée ou que la manie est continue, on doit accorder une nourriture abondante. Une répression énergique et un état de dépendance et de contrainte, peuvent beaucoup accélérer la guérison, surtout lorsque l'aliéné est dominé par des sentiments de hauteur ou que son orgueil est enflé par le souvenir des places ou des dignités qu'il a occupées ; l'isolement le plus absolu est alors non seulement nécessaire, mais encore la conviction intime qu'il dépend d'une autorité supérieure et contre laquelle toute résistance serait vaine. Un monarque tombe dans la manie, et pour rendre sa guérison plus prompte et plus solide, on ne met aucune restriction aux mesures de prudence de celui qui le dirige ; dès lors tout l'appareil de la royauté s'évanouit, l'aliéné éloigné de sa famille et de tout ce qui l'entoure est relégué dans un palais isolé, et on l'enferme seul dans une

---

c - John Feriar, médecin de l'infirmerie de Manchester, où il effectue des travaux sur la manie. Publie *Medical histories and reflexions* en 1795.

chambre dont le carreau et les murs sont couverts de matelas, pour qu'il soit dans l'impuissance de se blesser. Celui qui dirige le traitement lui déclare qu'il n'est plus souverain, mais qu'il doit désormais être docile et soumis. Deux de ses anciens pages d'une stature d'Hercule, sont chargés de veiller à ses besoins et de lui rendre tous les bons offices que son état exige, mais de le convaincre aussi qu'il est sous leur entière dépendance, et qu'il doit désormais leur obéir. Ils gardent avec lui un tranquille silence, mais dans toutes les occasions ils lui font sentir combien ils lui sont supérieurs en force. Un jour l'aliéné, dans son fougueux délire, accueille très durement son ancien médecin lors de sa visite, et le barbouille de saletés et d'ordures. Un des pages entre aussitôt dans la chambre sans mot dire, saisit par la ceinture le délirant réduit lui-même à un état de saleté dégoûtante, le renverse avec force sur un tas de matelas, le déshabille, le lave avec une éponge, change ses vêtements, et le regardant avec fierté, sort aussitôt et va reprendre son poste. De pareilles leçons répétées par intervalles pendant quelques mois et secondées par d'autres moyens du traitement, ont produit une guérison solide et sans rechute.

VIII.

Qualités morales nécessaires pour diriger les aliénés convalescents et accélérer leur rétablissement.

L'espoir très fondé de rendre à la société des hommes qui semblent perdus pour elle, doit exciter la surveillance la plus assidue et la plus infatigable, sur la classe nombreuse des aliénés convalescents ou de ceux qui sont dans leurs intervalles lucides ; classe qu'on doit isoler avec soin dans un local particulier de l'hospice, pour éviter toutes les causes occasionnelles des rechutes, et les soumettre à une sorte d'institution morale propre à développer et à fortifier les facultés de l'entendement ; mais que de circonspection, de lumières et de sagesse pour diriger des hommes en général très pénétrants, très ombrageux et d'un caractère très irascible ! Comment les soumettre à un ordre constant et invariable, si on n'exerce sur eux un ascendant naturel par les qualités physiques et morales les plus rares ? Ce sont là des maximes fondamentales [...] et je me confirme de plus en plus dans ces principes en les retrouvant en vigueur dans un des hospices d'aliénés les plus connus de l'Europe, celui de Bethléem. «C'est un objet très important, dit Haslam[6], de gagner la confiance de ces infirmes, et d'exciter en eux des sentiments de respect et d'obéissance, ce qui ne peut être que le fruit de la supériorité du discernement, d'une éducation distinguée et de la dignité dans le ton et les manières. La sottise, l'ignorance et le défaut des principes soutenus par une dureté tyrannique, peuvent exciter la crainte, mais ils inspireront toujours le mépris. Le surveillant d'un hospice d'aliénés, qui a acquis de l'ascendant sur eux, dirige et règle leur conduite à son gré ; il doit être doué d'un caractère ferme, et déployer dans l'occasion un appareil imposant de puissance ; il doit peu menacer mais exécuter, et s'il est désobéi, la punition doit suivre aussitôt, c'est-à-dire une réclusion étroite. Lorsque l'aliéné est robuste et plein de force, le surveillant a besoin de se faire seconder par plusieurs hommes pour inspirer la crainte et obtenir sans peine et sans danger une prompte obéissance.» Le même auteur n'en proscrit pas moins tout acte de violence, toute punition corporelle, car si l'aliéné est privé des fonctions de l'entendement, il est insensible à la punition, et c'est alors une cruauté absurde ; s'il connaît sa faute, il conçoit un ressentiment profond de la peine qui lui est infligée, et son délire se renouvelle ou s'exaspère.

IX.

Exemple propre à faire voir avec quelle attention le caractère
de l'aliéné doit être étudié pour le ramener à la raison.

Un homme, dans la vigueur de l'âge, renfermé à Bicêtre, croit être roi, et s'exprime toujours avec le ton du commandement et de l'autorité suprême. Il avait subi le traitement ordinaire à l'Hôtel-Dieu, où les coups et les actes de violence de la part de gens de service n'avaient fait que le rendre plus emporté et plus dangereux. Quel parti prendre pour le diriger ? Un appareil imposant de contrainte pouvait encore l'aigrir, et la condescendance l'affermir dans ses prétentions chimériques. Il fallut donc attendre une circonstance favorable pour avoir prise sur un caractère aussi difficile, et voici celle que le hasard fit naître. Un jour cet aliéné écrivait à sa femme une lettre pleine d'emportements, et l'accusait avec amertume de prolonger sa détention pour jouir d'une liberté entière ; il la menaçait d'ailleurs de tout le poids de sa vengeance. Avant d'envoyer cette lettre, il en fait lecture à un autre aliéné convalescent, qui improuve ces emporte-

---

6 - *Observations on insanity with practical remarcs on the disease*, etc., by John Haslam, Londres, 1798.

ments fougueux et lui reproche, avec le ton de l'amitié, de chercher à réduire sa femme au désespoir. Ce conseil sage est écouté et accueilli ; la lettre n'est point envoyée, et elle est remplacée par une autre pleine de modération et d'égards. Le surveillant de l'hospice (Pussin), instruit de cette docilité à des remontrances amicales, y voit déjà les signes manifestes d'un changement qui se prépare ; il se hâte d'en profiter, se rend dans la loge de l'aliéné pour s'entretenir avec lui, et il le ramène par degrés au principal objet de son délire. «Si vous êtes souverain, lui dit-il, comment ne faites-vous pas cesser votre détention, et pourquoi restez-vous confondu avec des aliénés de toute espèce ?» Il revient les jours suivants s'entretenir ainsi avec lui, en prenant le ton de la bienveillance et de l'amitié ; il lui fait voir peu à peu le ridicule de ses prétentions exagérées, lui montre un autre aliéné convaincu aussi depuis longtemps qu'il était revêtu du pouvoir suprême, et devenu un objet de dérision. Le maniaque se sent d'abord ébranlé, bientôt il met en doute son titre de souverain, enfin il parvient à reconnaître ses écarts chimériques. Ce fut dans une quinzaine de jours que s'opéra cette révolution morale si inattendue, et après quelques mois d'épreuve ce père respectable a été rendu à sa famille.

X.

Exercices du corps variés, ou travaux pénibles très utiles aux convalescents.

La paresse, l'indolence et l'oisiveté, vices si naturels aux enfants, dit La Bruyère, disparaissent dans leurs jeux, où ils sont vifs, appliqués, exacts, amoureux des règles et de la symétrie. N'en est-il pas de même des aliénés en convalescence, lorsque dans les langueurs d'une vie inactive, on offre un aliment à leur penchant naturel pour le mouvement du corps et de l'exercice ? Aussi nul principe sur lequel la médecine ancienne et moderne soient d'un accord plus unanime. Un mouvement récréatif, ou un travail pénible arrêtent les divagations insensées des aliénés, préviennent les congestions vers la tête, rendent la circulation plus uniforme et préparent un sommeil tranquille. J'étais un jour assourdi par les cris tumultueux et les actes d'extravagance d'un aliéné ; on lui procura un travail champêtre conforme à ses goûts, et dès lors je m'entretins avec lui sans observer aucun trouble, aucune confusion dans les idées. Rien n'était plus digne de remarque que le calme et la tranquillité qui régnait dans l'hospice des aliénés de Bicêtre, lorsque des marchands de Paris fournissaient au plus grand nombre un travail manuel qui fixait leur attention et les attachaient par l'appât d'un léger lucre. C'est pour perpétuer ces avantages et pour améliorer le sort des aliénés que je n'ai cessé de faire vers cette époque les instances les plus réitérées pour obtenir de l'administration un terrain adjacent pour le faire cultiver aux aliénés convalescents et accélérer leur rétablissement. Les orages de la Révolution (an II et III) ont empêché toujours l'exécution de ce projet, et j'ai été borné aux moyens subsidiaires qu'employait le surveillant, toujours attentif à choisir les gens de service parmi les convalescents. Ces principes sont encore ceux du concierge de la maison des fous d'Amsterdam[7]. Ce serait remplir l'objet dans toute son étendue que d'adjoindre à tout hospice d'aliénés un vaste enclos ou plutôt de le convertir en une sorte de ferme, dont les travaux champêtres seraient à la charge des aliénés convalescents, et où les produits de la culture serviraient à leur consommation et à leurs dépenses. C'est d'ailleurs l'Espagne qui nous donne un si bel exemple à suivre dans un de ses principaux hospices ; les aliénés propres au travail sont divisés dès l'aurore en diverses bandes séparées ; un guide est à la tête de chacune pour leur départir l'objet du travail, les diriger et les surveiller ; la journée se passe dans une activité continuelle ou seulement interrompue par des intervalles de relâche, et la fatigue ramène pour la nuit le sommeil et le calme. Rien n'est plus ordinaire que les guérisons opérées par cette vie active, pendant que l'aliénation des nobles qui rougiraient du travail des mains est presque toujours incurable.

---

7 - Il est remarquable, dit Thouin*, qu'une maison qui renferme tant de monde, ait si peu de gens de service à ses gages. Je n'en vis que quatre à cinq de permanents ; tous les autres sont pris parmi les convalescents qui, excités par l'exemple et les discours du concierge, se prêtent avec empressement à servir ceux qui ont besoin de secours, et ils remplissent ce devoir avec d'autant plus de zèle, qu'ils ont reçu eux-mêmes des soins semblables de la part de ceux qui les ont précédés. Il n'est pas à craindre que le service languisse, parce qu'il y a presque autant d'infirmiers que de malades, et qu'ils sont dirigés par un homme de service affecté à chaque salle. Cette pratique économique et surtout très morale, est employée dans tous les hospices de Hollande. Il en résulte que les pauvres sont mieux traités, et que les dépenses de gens de service, d'officiers, d'états-majors, si nombreux et si chèrement payés parmi nous, sont presque nulles.
* André Thouin (1747-1823). Professeur de culture au Jardin du Roi (devenu Jardin des Plantes). 1792 : professeur d'économie rurale à l'Ecole normale. Auteur de la "Description de la Maison des fous d'Amsterdam", *Décade philosophique*, an IV.

XI.

Avantages pour l'aliéné convalescent
de se livrer à quelque objet qui fixe son attention.

C'est lors de la convalescence et aux premières lueurs du rétablissement que commencent souvent à se renouveler les goûts primitifs de l'homme et son amour pour les beaux-arts, les sciences ou les lettres, s'il s'est jadis distingué dans cette carrière. Ce premier réveil du talent doit donc être saisi avec avidité par le surveillant de l'hospice, pour favoriser et accélérer le développement des facultés morales [...] D'autres faits servent encore à confirmer la même vérité. J'avais peine quelquefois à suivre la garrulité[d] incœrcible et une sorte de flux de paroles disparates et incohérentes d'un ancien littérateur, qui dans d'autres moments tombait dans une taciturnité sombre et sauvage. Une pièce de poésie dont il avait fait autrefois ses délices, venait-elle s'offrir à sa mémoire, il devenait susceptible d'une attention suivie ; son jugement semblait reprendre ses droits, et il composait des vers où régnait non seulement un esprit d'ordre et de justesse dans les idées, mais encore un essor régulier de l'imagination et des saillies très heureuses. Je ne pouvais donner que quelques heures fugitives à cette sorte d'encouragement et d'exercice moral, et quels heureux effets n'eût point produit sur le convalescent une continuité de soins dirigés suivant mes principes. Un autre musicien tombé aussi dans la manie par des événements de la Révolution, tenait les propos les plus décousus, ne parlait souvent que par monosyllabes qu'il entremêlait de sauts, de danses, de gestes les plus insensés et les plus absurdes. Un souvenir confus lors de sa convalescence, lui rappela son instrument favori, c'est-à-dire le violon, et dès lors j'engageai les parents à lui procurer cette jouissance, si utile d'ailleurs pour son entier rétablissement. Il parut reprendre dans peu de jours son ancienne supériorité, et il continua ainsi pendant huit mois à s'exercer plusieurs heures chaque jour, avec des progrès d'ailleurs très marqués pour le calme et le rétablissement de la raison. Mais à cette époque on reçut dans le même lieu de réclusion un autre aliéné plein de fougue et d'extravagance. La fréquentation de ce dernier qu'on laissait errer librement dans le jardin, bouleverse entièrement la tête du musicien ; le violon est mis en pièces, son exercice favori abandonné, et son état de manie est regardé maintenant comme incurable ; exemple affligeant et mémorable de l'influence qu'exerce le spectacle des actes de manie sur les convalescents, et une preuve de la nécessité de les isoler.

---

d - Au figuré : tendance à caqueter.

XII.

*Aigreur et emportement d'un aliéné convalescent
dont on négligea de seconder le goût primitif
pour les beaux-arts.*

Le caractère ombrageux et irascible des aliénés, même dans leur convalescence, est connu. Doués pour la plupart d'une délicatesse extrême de sentiment, ils s'indignent contre le moindre signe d'oubli, de mépris ou d'indifférence, et ils abandonnent pour jamais ce qu'ils avaient adopté avec le plus de zèle et de chaleur. Un sculpteur, élève du célèbre Lemoine, échoue dans ses projets et ses efforts pour parvenir à l'Académie ; et dès lors une mélancolie profonde et des rixes continuelles contre son frère, dont la parcimonie, suivant lui, l'a arrêté dans sa carrière. Ses écarts et ses actes de violence sont suivis d'un ordre arbitraire pour sa réclusion comme aliéné. Il se livre à tous les emportements de la fureur dans sa loge ; il met tout en pièces, et reste plusieurs mois dans un état maniaque des plus violents : le calme enfin succède, et on lui donne la liberté dans l'intérieur de l'hospice ; son entendement était encore faible, et il supportait avec peine tout le poids d'une vie inactive. La peinture, qu'il avait aussi cultivée, parut sourire à son imagination, et il désira de s'essayer d'abord dans le genre des portraits. On s'empressa de le seconder dans son dessein, et il fit l'esquisse des traits du surveillant et de sa femme. La ressemblance était bien saisie ; mais encore peu susceptible d'application, il croyait voir un nuage devant ses yeux, et il était découragé par le sentiment de son insuffisance ou un reste de bon goût jadis puisé dans l'étude des meilleurs modèles. Le talent qu'il avait manifesté, et surtout le désir de soutenir son activité naissante, et de conserver à la société un artiste habile, engagèrent l'économe de Bicêtre à lui demander un tableau, en lui laissant le choix du sujet pour lui donner un plus libre essor dans sa composition. Le convalescent, encore mal rétabli, croit cette tâche au dessus de ses forces, et il désire que le sujet soit fixé, que même on lui en trace un dessin correct et propre à être pris pour modèle. Sa demande est éludée, et on laisse échapper la seule occasion de le rendre à la raison. Il se livre à des mouvements d'indignation, croit voir dans cette négligence un témoignage de mépris, met en pièce ses pinceaux, sa palette, ses esquisses, et déclare hautement qu'il renonce pour jamais à la culture des beaux-arts ; l'émotion même est si profonde, qu'il succède un accès de fureur de plusieurs mois. Le calme renaît encore pour la seconde fois, mais il était alors réduit à un état de langueur et à une sorte de rêvasserie qui se rapprochait de la démence. Je le fis passer aux infirmeries de l'hospice, pour tenter l'usage combiné de quelques remèdes simples et d'un régime tonique ; des entretiens familiers, des propos consolateurs, quelques avis dictés par la prudence furent inutiles. Son goût primitif pour le travail et pour les beaux-arts parut perdu pour jamais. L'ennui, le dégoût de la vie, la mélancolie la plus sombre et la plus apathique firent des progrès rapides. Plus d'appétit, plus de sommeil, et un flux de ventre colliquatif mit le dernier terme à sa malheureuse existence.

XIII.

La démence peut-elle devenir pour les hospices l'objet
de règlements particuliers de direction et de surveillance ?

La démence contractée par les événements de la vie, ou par un traitement trop débilitant de la manie aiguë, est marqué par un tel bouleversement des facultés morales ou affectives, qu'on peut à peine déterminer aucune règle pour diriger ceux qui en sont frappés, et qu'il ne reste d'ailleurs aucun espoir fondé de guérison par les médicaments ou le régime moral et physique. Comment agir sur leur entendement, puisque les idées qu'ils reçoivent par les sens extérieurs sont fugitives, faibles ou nulles ? Un flux et reflux continuel de divagations insensées les rend incapables d'attention. Le passé est pour eux comme s'il n'avait point existé. Nulle trace de leurs anciens rapports avec la société ; nul jugement, nulle affection suivie et durable. La démence accidentelle est presque toujours comme celle qui vient par asthénie sénile, et l'une et l'autre paraissent incurables. Tous les faits que j'ai vus semblent attester cette triste vérité. Un ancien maniaque, dans un état très avancé de convalescence, est employé au service dans l'hospice de Bicêtre, abuse de la liberté qu'on lui accorde à ce titre, et se livre à différentes reprises à la boisson et aux femmes ; il tombe dans la débilité et la langueur, éprouve non un retour de manie, mais une sorte de rêvasserie et un véritable état de démence. Je lui ai donné longtemps des soins dans l'infirmerie, soit par des moyens moraux, soit par l'usage des médicaments toniques. Rien n'a paru produire aucun effet marqué ; et dans l'année même de sa rechute, il a succombé à une ascite[e]. Toute ressource n'est pas moins vaine si l'aliéné, également affaibli au moral et au physique, est tombé dans la démence par

---

e - Présence de liquide dans le péritoine.

des méditations pieuses, ou des élans extatiques, comme Tissot[f] en donne
des exemples dans son *Essai sur la santé des gens de lettres*. On peut citer
encore en témoignage un fait rapporté par Forestus[g]. Un jeune homme
envoyé à Louvain pour poursuivre le cours de ses études, met la plus
grande parcimonie dans sa manière de vivre, et se plonge tête baissée dans
la théologie. Sa raison en est bientôt troublée, et rien n'égale le désordre et
la confusion de ses idées. *Bibliae sunt in capite et caput in Bibliis*, répète-t-il
sans cesse ; enfin durant un voyage pour rejoindre sa famille, il se précipite
dans un puits qu'il trouve sur son passage.

XIV

Importance d'isoler dans les hospices
l'espèce nombreuse des personnes tombées dans l'idiotisme.

Être réduit à une existence presque automatique, avoir perdu l'usage
de la parole, ou ne la conserver que pour prononcer quelques sons inarti-
culés ; n'obéir qu'à l'instinct du besoin, et quelquefois y être insensible ;
souvent ne songer à se nourrir que lorsque les aliments sont dans la
bouche ; rester quelquefois immobile des journées entières sans manifester
aucune trace d'idées, aucune affection morale, se livrer par intervalles à
des explosions subites d'une sorte d'effervescence puérile, et à des emportements d'une aveugle colère, tour à tour dirigés contre les autres ou
contre soi-même ; tel est le tableau général qu'offrent les aliénés idiots
rassemblés dans les hospices ; et c'est assez indiquer dans quelles bornes
étroites sont renfermés les soins de leur surveillance ; mais leur grand
nombre, relativement au total des aliénés[8], exige que la division de l'hospice
qui les renferme soit d'une certaine étendue, et surtout séquestrée des
autres espèces d'aliénation, pour leur faire éviter le spectacle de cette
espèce de dégradation de l'homme. Leur obéissance, le plus souvent
passive aux ordres qu'on leur donne, rend très peu susceptible de détail
leur police intérieure, surtout relativement à l'exactitude du service, si
sujet à être fait avec négligence, ou avec une dureté barbare par l'espoir de

---

f - André-Samuel Tissot (1728-1797). Suisse, Docteur de Montpellier. Connu aussi
pour son *Avis au peuple sur sa santé*, 1761, ouvrage de vulgarisation médicale, et
son très célèbre traité sur *L'Onanisme*, 1760.

g - Petrus Forestus, dit aussi Pieter Van Foreest (1522-1597). *Observationes
medicinalium libri tres, de capitis et cerebri morbis de symptomasis*, recueil de
textes, édition posthume 1602.

8 - Dans le dernier recensement que j'ai fait des aliénés de l'hospice de Bicêtre, j'ai
trouvé sur 200 aliénés, 52 idiots, c'est-à-dire environ le quart du nombre total.

l'impunité. La surveillance doit aussi s'exercer sur ceux qui sont sujets à des quintes violentes, à des emportements fougueux pour des causes souvent légères : mouvements qu'ils sont incapables de réprimer par la nullité ou le très faible ascendant de leurs facultés intellectuelles. On voit avec peine dans une inaction constante, ou dans une sorte d'engourdissement stupide, plusieurs de ces idiots qui pourraient être utilement employés à quelque travail grossier des mains, à une culture de végétaux, sous les yeux d'un conducteur habile. Réduits à une sorte d'imitation servile et moutonnière, il suffit de leur donner un exemple à suivre, et de mettre à leur tête quelqu'homme actif et laborieux ; ils se montent à l'instant au même ton, et sont susceptibles des efforts les plus soutenus, comme je l'ai vu moi-même dans une circonstance particulière d'une plantation d'arbres qui fut faite dans l'intérieur de l'hospice de Bicêtre. L'homme le plus exercé peut à peine se livrer au travail avec plus de constance et d'énergie. Un autre objet particulier de surveillance de cette espèce d'aliénés se rapporte à l'idiotisme accidentel ; à celui qui est produit par l'abus d'un traitement trop débilitant, et qui peut aboutir à une sorte d'accès maniaque critique [...] Les moindres signes précurseurs de ces accès doivent être saisis avec promptitude, et n'être point troublés dans leur marche, puisque c'est un des moyens les plus constatés de rendre à la société des hommes rejetés de son sein, et réduits à une nullité absolue.

XV.

Les aliénés attaqués d'épilepsie doivent-ils être confinés
dans un endroit particulier de l'hospice ?

Peu d'objets inspirent autant de répugnance et d'horreur aux aliénés en général, que le spectacle d'un accès d'épilepsie ; ils s'éloignent de celui qui en est frappé, ou ne s'en approchent que pour lui porter des coups meurtriers, si on ne s'empresse de le soustraire à leur violence. Une loi fondamentale de tout hospice d'aliénés doit être d'isoler avec un soin extrême les épileptico-maniaques, et de leur consacrer un réduit particulier, d'autant mieux que la vue simple de leurs contorsions et de leurs mouvements convulsifs peut ébranler fortement, et porter à l'imitation des hommes doués d'une imagination ardente. Les faits les plus multipliés attestent que la manie compliquée d'épilepsie est presque toujours incurable ; et je m'étonne peu qu'elle soit exclue du traitement qu'on fait subir aux aliénés dans l'hôpital de Bethléem en Angleterre : rarement permet-elle de parvenir à un âge avancé, puisque, d'après mes journaux d'observations, sur douze épileptico-maniaques qui existaient dans l'hospice de Bicêtre l'an deuxième, six sont morts dans l'espace d'une année et demie, par l'extrême violence et la fréquence des accès. La surveillance particulière à exercer sur cette espèce d'aliénés doit se borner à pourvoir à leur sûreté en prévenant les suites des chutes et les blessures, à écarter avec soin toutes les affections morales, vives, propres à ramener les accès, à faire éviter tous les écarts de régime, en prescrivant d'ailleurs un exercice de corps soutenu, ou des travaux pénibles.

XVI.

Police générale et ordre journalier du service dans les hospices d'aliénés.

Le penchant naturel des aliénés à des emportements de colère, leur facilité à donner aux événements les interprétations les plus sinistres et à éclater en murmures, font sentir la nécessité extrême d'un ordre invariable de service, pour ne point aigrir leur état : de là les mesures que j'ai vu mises rigoureusement en exécution dans l'hospice de Bicêtre. L'heure de l'ouverture des loges, fixée suivant les variations de la saison, c'est-à-dire à cinq heures du matin en été, à sept heures et demie en hiver, et toujours dans la même proportion avec la durée du jour durant les saisons intermédiaires. Attention extrême de faire éloigner aussitôt les ordures de la nuit, et de pourvoir à la propreté des loges, ainsi qu'à celles des cours ; visite générale du surveillant dans la matinée, pour s'assurer que rien n'a été omis ni négligé ; distribution du déjeuner peu après l'heure du lever ; le dîner à onze heures précises, c'est-à-dire service du potage et du tiers de la ration journalière du pain ; attention nouvelle de pourvoir encore à la propreté des loges après le repas ; troisième distribution du reste du pain et de quelques mets gras ou maigres à quatre ou cinq heures du soir, suivant la saison ; clôture des loges à l'entrée de la nuit, au son d'une cloche ; un premier veilleur, mis en activité de service jusqu'à minuit, avec ordre de faire des rondes dans tout l'hospice de demi-heure en demi-heure, pour donner des secours aux malades et empêcher la dégradation des loges par les plus furieux et prévenir tout événement sinistre ; reprise d'un autre veilleur depuis minuit jusqu'au matin pour remplir la même tâche et indiquer les aliénés tombés dans quelque maladie accidentelle ; dès le matin rentrée en fonction des gens de service pour pourvoir aux objets de propreté et remplir leurs autres devoirs ; leur assiduité et leur présence à toute heure du jour impérieusement exigée pour maintenir l'ordre en cas de trouble, pour agir en masse s'il survient une rixe entre quelques aliénés, ou lors de l'explosion subite et inattendue d'un accès de manie ; défense expresse à ces mêmes gens de service de porter une main violente sur les aliénés lors même qu'on les provoque ou qu'on les frappe ; sorte de tactique enseignée ou plutôt indication de certaines manœuvres adroites pour rendre vains et impuissants les efforts et l'audace téméraire de quelques maniaques en fureur ; en un mot, la direction générale de l'hospice assimilée à celle d'une grande famille composée d'êtres turbulents et fougueux qu'il faut réprimer, mais non exaspérer, contenir plutôt par des sentiments de respect et d'estime que par une crainte servile, lorsqu'ils en sont susceptibles, et conduire le plus souvent avec douceur, mais toujours avec une fermeté inflexible.

XVII.

Surveillance paternelle à exercer pour la préparation et la distribution des aliments.

L'agitation continuelle des aliénés, leurs mouvements musculaires non interrompus durant leurs accès d'extravagance ou de fureur, leur chaleur animale exaltée et la vigueur dont ils jouissent, expliquent naturellement une sorte de voracité qui leur est propre, et qui quelquefois est si extrême, que certains d'entr'eux vont jusqu'à consommer par intervalles environ deux kilogrammes de pain par jour. Un des premiers objets, ou plutôt un des devoirs les plus sacrés de ma place, à titre de médecin en chef de Bicêtre (l'an II et III de la République), était sans doute d'inspecter soigneusement le service de la cuisine des aliénés, et d'entrer dans tous les détails économiques, par comparaison avec le reste de l'hospice, où je n'avais trouvé qu'insouciance, maladresse, oubli des premiers principes dans la préparation et la distribution des aliments. Un examen attentif et très scrupuleux me fit connaître que les aliénés étaient dirigés suivant des principes opposés, et qu'il était difficile de préparer les aliments avec plus de discernement et une plus sage économie ; c'est un témoignage honorable de plus à ajouter à ce que j'ai déjà dit sur le surveillant des aliénés de Bicêtre. Attention constante d'avoir toujours en réserve des aliments de la veille, pour réparer les vicissitudes ou les négligences de l'approvisionnement et pouvoir fournir aux besoins urgents ou imprévus des aliénés ; précautions de réserver et de faire cuire, dans la belle saison, des plantes potagères et de les conserver dans des pots de grès pour l'hiver, à titre de nourriture supplémentaire ; provisions des jours gras en viande,

en graisse, en substance médullaire des os, réparties pour les jours maigres[9], afin de rendre ce potage beaucoup plus nourrissant : méthode pleine
d'intelligence suivie dans la coction de la viande pour le potage, c'est-à-dire
proscription de la routine ordinaire des cuisines des hospices, qui consiste à
soumettre la viande à une ébullition forte et soutenue, à rendre dure et
coriace la partie fibrineuse, à empêcher le dégagement de la gélatine. Le
bouillon est toujours préparé le matin du jour de la distribution, et on pro-
portionne avec précision la quantité du liquide aux besoins de l'hospice ;
l'ébullition n'a lieu que pour enlever ce qu'on appelle l'écume du pot ou les
parties les plus concrescibles par la chaleur ; on ôte alors le bois et on fait
une sorte de four artificiel avec des briques autour de la marmite, pour
soumettre la viande à une chaleur constante et soutenue, un peu au-
dessous du degré de l'ébullition, pendant quatre heures et demie : ce qui
rend la fibrine pulpeuse tendre ; et en faisant dissoudre par degrés la gélatine dans le liquide, produit un potage restaurant et salubre. C'est ainsi
qu'on a su allier la déférence et les égards dus aux malheureux avec la
plus sage et la plus attentive économie.

XVIII.

Suites funestes de la disette qui eut lieu,
l'an IV, dans les hospices d'aliénés.

Je laisse à la politique le soin de flétrir dans l'histoire de la Révolution,
cette loi funeste que le despotisme le plus outré n'eût jamais osé se per-

---

9 - Pour donner une juste idée des soins paternels pris par le surveillant et sa
femme, je remarquerai qu'on servait alternativement en gras et en maigre chaque
jour de la semaine, et que les jours maigres les provisions fournies à l'hospice
étaient fixées de manière à donner une livre de beurre pour seize livres de riz, c'est-
à-dire environ trois livres et demie de beurre pour le potage en maigre d'environ 200
aliénés, et comme l'odieuse spéculation des approvisionnements se portait encore
sur cet objet, le plus souvent sur cette quantité de beurre salé, on faisait entrer plus
d'une livre de sel. Que pouvait être alors le potage, sinon une sorte d'eau chaude et
salée, puisqu'il n'y avait que deux livres de beurre sur quatre cent livres de bouillon.
Dans les dégustations que je faisais j'étais frappé d'étonnement de trouver encore
un bouillon d'une bonne qualité. J'appris bientôt les ressources que le surveillant
savait se ménager, soit par la réserve d'un peu de viande et de plantes potagères de
la veille, soit en mettant à profit les os réservés qu'on rejetait ailleurs, ou dont on
faisait un objet de lucre, c'est-à-dire en les écrasant et en les dépouillant de la
gélatine qu'ils contiennent en abondance. La manière de préparer le potage au riz
n'était pas moins judicieuse ; au lieu de l'inonder d'eau, on n'en mettait qu'une
petite quantité, et on attendait qu'elle fut entièrement absorbée pour en mettre de
nouvelle qu'on faisait chauffer dans un vase séparé, et c'est ainsi que, par des
affusions successives, la cuisson était complétée.

mettre, je veux dire l'aliénation des biens-fonds des hôpitaux et des hospices, ou plutôt cet acte d'inhumanité et de barbarie qui associe l'état de souffrance de l'indigent infirme ou malade, à toutes les vicissitudes de la fortune publique. Il suffit de rappeler ici aux amis de l'ordre quelques faits dont j'ai été témoin oculaire, et dont le souvenir ne peut être que douloureux pour l'homme le moins sensible. C'est en calculant sagement les besoins des aliénés que la ration journalière du pain de ceux de Bicêtre fut portée à un kilogramme sous l'Assemblée constituante, et j'avais vu pendant deux années les avantages de cette disposition salutaire. Je cessai d'être médecin de cet hospice, mais dans une de ces visites de bienveillance que je rendais de temps en temps aux aliénés (4 brumaire an IV), j'appris que la ration du pain avait été réduite à sept hectogrammes et demi, et je vis plusieurs des anciens convalescents retombés dans un état de fureur maniaque, en s'écriant qu'on les faisait mourir de faim ; les progrès délétères de la disette furent encore bien plus marqués dans la suite, puisque la ration du pain fut successivement portée à environ cinq, quatre, trois, et même deux hectogrammes, en y ajoutant un léger supplément de biscuit souvent très défectueux. L'effet fut tel qu'on devait l'attendre pour les suites, et il a été constaté que pendant deux mois seulement (pluviôse et ventôse an IV) le nombre total des morts dans l'hospice des aliénés, a été de 29, tandis que celui de l'an II en entier n'avait été que de 27. Résultat analogue mais encore plus prompt et plus déplorable pour les aliénées de la Salpêtrière, puisque dans le cours de brumaire de l'an IV[10], la mortalité fut de 56, par la fréquence extrême des flux de ventre colliquatifs et des dysenteries. Aurait-on à gémir sur ces événements funestes si les ressources des hospices avaient été fixées et invariables ?

---

10 - Je fus chargé à cette époque, par l'administration, de rechercher les causes de cette mortalité, d'après une observation exacte des maladies régnantes, et voici quelle fut la conclusion de mon rapport.
«Je pense qu'on doit principalement attribuer cette mortalité à la disette qui a régné pendant le printemps et l'été dernier dans la section des aliénées. En effet, avant le premier germinal, chaque aliénée avait une livre et demie de pain par jour, et on en accordait cent livres pour la soupe de tout l'hospice. Au premier germinal les cent livres furent supprimées et la ration du pain de chaque folle fut réduite à une livre jusqu'au 15 du même mois. Depuis le 15 jusqu'au 30, la ration ne fut que de douze onces. La diminution fut encore portée plus loin les huit premiers jours de floréal, puisque la ration du pain n'était que de huit onces. A cette époque on accorda du biscuit de mer pour la soupe, mais on retrancha sur tout l'hospice deux cents livres de pain, ce qui réduisit la ration ordinaire à six onces. Lorsque le biscuit fut supprimé le premier thermidor, on revint à la ration de douze onces de pain. On connaît la voracité des aliénés de l'un et l'autre sexe. La disette a donc porté principalement sur l'hospice des aliénés, et les suites ont été des flux de ventre séreux ou des dysenteries funestes.»
Ce 27 brumaire an 4.

XIX.

Restriction extrême à mettre dans les communications des aliénés avec les personnes du dehors.

C'est un grand soulagement dans presque toutes les infirmités humaines, que de recevoir des soins compatissants et les bons offices de ses amis et de ses proches ; et combien ces attentions touchantes ont encore plus de prix dans les hospices où l'infirme se trouve séquestré de sa famille, et livré souvent à des gens de service qui ne l'approchent qu'avec une dureté repoussante. Pourquoi faut-il faire une exception affligeante pour l'aliéné, et le condamner à une sorte d'isolement jusqu'à ce que sa raison soit rétablie ? Il est constaté par l'expérience que les aliénés ne guérissent presque jamais au sein de leur famille. Willis, dans l'établissement qu'il a formé en Angleterre, met des restrictions extrêmes aux entrevues des aliénés avec leurs anciennes relations ; il ne les accorde que très rarement, et seulement dans certains cas à titre d'encouragement et de récompense : on remarque même que les étrangers, dont l'isolement est le plus complet, guérissent le plus facilement. Dans l'hôpital de Bethléem, un billet d'entrée est indispensablement nécessaire pour les étrangers ; et lors de l'admission d'un aliéné, on accorde à la famille une autorisation pour lui rendre seulement deux visites par semaine. En France, on a senti aussi la nécessité de faire cesser l'entrée indéfinie des étrangers et des curieux dans les hospices d'aliénés ; et pour être introduit dans celui de la Salpêtrière, il faut une permission expresse. Pourquoi ces mesures de prudence ont-elles été toujours mises en oubli dans l'hospice de Bicêtre, où rien ne limite les visites à rendre aux aliénés ? Combien on est affligé de voir ces infortunés servir de spectacle et d'amusement à des personnes indiscrètes qui souvent se font un jeu cruel de les aigrir et de les harceler. J'ai vu une fois un aliéné, au déclin de son accès, se porter au plus haut degré de fureur et de violence contre un mauvais plaisant qui le provoquait par la fenêtre de sa loge. Il retomba dans son premier état, et cette rechute a duré plus d'une année. Je puis citer encore un exemple plus déplorable de ces visites inconsidérées. Un négociant étranger, tombé dans l'aliénation par des chagrins profonds et la perte de sa fortune, avait été transféré à Bicêtre après le traitement ordinaire de l'hospice d'humanité[h] : le rétablissement de sa raison par le traitement moral faisait des progrès rapides, et j'ai eu avec lui des entre-

---

h - Sous la Révolution, nouveau nom de l'Hôtel-Dieu.

tiens suivis, sans apercevoir le moindre trouble ou incohérence dans les idées ; mais tout change dans quelques jours ; il apprend que ses associés s'étaient emparés d'un certain mobilier qui lui restait, et une femme a même l'imprudence de le venir voir avec des ajustements qu'il ne pouvait méconnaître pour lui avoir appartenu : il jette un profond soupir, et tombe dans une mélancolie de consternation qui l'a mené par degrés à une démence complète, et qui est maintenant regardée comme incurable.

XX.

Conformité des principes établis en Angleterre et en France
sur la nécessité d'ouvrir des asiles publics aux aliénés.

J'aime à trouver la plus grande conformité entre les résultats des observations faites en Angleterre et en France sur la nécessité de rassembler les aliénés dans des asiles publics et particuliers, pour rendre, lorsqu'il est possible, leur guérison solide et durable. L'aliéné, dit Haslam, dans l'ouvrage anglais déjà cité, doit être éloigné du sein de sa famille, au sein de laquelle il vit toujours agité ; et on doit le renfermer dans un lieu de détention aussitôt que sa maladie est déclarée ; l'interruption de toute communication avec ses proches, la privation des personnes accoutumées à lui obéir, et l'idée d'être sous la dépendance d'un étranger, et de ne pouvoir donner un libre essor à ses caprices, donneront sans cesse de l'exercice à sa pensée, s'il en est susceptible. L'expérience apprend que les aliénés ne guérissent presque jamais sous la direction immédiate de leurs amis ou de leurs proches. Les visites mêmes de leurs amis, lorsqu'ils sont dans leur délire, augmentent toujours leur agitation et leur caractère indisciplinable. C'est un fait très connu qu'ils sont alors beaucoup moins disposés à mal accueillir les étrangers, que ceux qui ont été l'objet d'une liaison intime. Très souvent des aliénés qui étaient furieux et intraitables au sein de leur famille, deviennent dociles et calmes lors de leur admission dans un hospice ; de même que certains d'entre eux qui paraissent rétablis et mener une conduite régulière pendant leur détention, reprennent leur effervescence bouillante et leur délire en rentrant prématurément au sein de leurs familles. Cependant, dans les progrès de leur convalescence, quelques visites par intervalles de la part de leurs amis, semblent avoir la plus heureuse influence ; elles les consolent et leur ouvrent pour l'avenir une nouvelle perspective d'espoir et de bonheur.

XXI.

Loi fondamentale de tout hospice d'aliénés, celle d'un travail mécanique.

Ce n'est plus un problème à résoudre, c'est le résultat le plus constant et le plus unanime de l'expérience, que dans tous les asiles publics, comme les prisons et les hospices, le plus sûr et peut-être l'unique garant du maintien de la santé, des bonnes mœurs et de l'ordre, est la loi d'un travail mécanique, rigoureusement exécutée. Cette vérité est surtout applicable aux hospices des aliénés ; et je suis très fortement convaincu qu'on ne peut faire un établissement de ce genre durable, et d'une utilité soutenue, s'il ne repose sur cette base fondamentale. Très peu d'aliénés, même dans leur état de fureur, doivent être éloignés de toute occupation active, comme je m'en suis spécialement assuré : et quel spectacle affligeant que de voir dans tous nos établissements nationaux les aliénés de toute espèce, ou dans une mobilité continuelle et vaine, s'agitant sans aucun but, ou tristement plongés dans l'inertie et la stupeur. Quel moyen plus propre d'entretenir en eux l'effervescence de l'imagination, l'habitude des emportements fougueux, et tous les écarts d'une exaltation délirante ? Un travail constant change au contraire la chaîne vicieuse des idées, fixe les facultés de l'entendement en leur donnant de l'exercice, entretient seul l'ordre dans un rassemblement quelconque d'aliénés, et dispense d'une foule de règles minutieuses et souvent vaines pour maintenir la police intérieure. Le retour des aliénés convalescents à leurs goûts primitifs, à l'exercice de leur profession, leur zèle et leur persévérance, ont été toujours pour moi le sujet d'un bon augure et de l'espoir le plus fondé d'une guérison solide. Mais nous avons encore à envier à une nation voisine de la nôtre un exemple qu'on ne saurait trop faire connaître : cet exemple, ce n'est point l'Angleterre ni l'Allemagne qui le donne, c'est l'Espagne. Dans une de ses villes (Saragosse) existe un asile ouvert aux malades, et surtout aux aliénés de tous les pays, de tous les cultes, avec cette inscription simple : *Urbis et Orbis.* Un travail mécanique n'a point été seul l'objet de la sollicitude des fondateurs de cet établissement ; ils ont voulu retrouver une sorte de contrepoids aux égarements de l'esprit, par l'attrait et le charme qu'inspire la culture des champs, par l'instinct naturel qui porte l'homme à féconder la terre et à pourvoir ainsi à ses besoins par les fruits de son industrie. Dès le matin on les voit, les uns remplir les offices serviles de la maison, certains se rendre dans leurs ateliers respectifs, le plus grand nombre se diviser en diverses bandes, sous la conduite de quelques surveillants intelligents et éclairés, se répandre avec gaieté dans les diverses parties d'un vaste enclos dépendant de l'hospice, se partager avec une sorte d'émulation les travaux relatifs aux saisons, cultiver le froment, les légumes, les plantes potagères, s'occuper tour à tour de la moisson, du treillage, des vendanges, de la cueillette des olives, et retrouver le soir dans leur asile solitaire le calme et un sommeil tranquille. L'expérience la plus constante a appris dans cet hospice que c'est là le moyen le plus sûr et le plus efficace d'être rendu à la raison ; et que les nobles, qui repoussent avec mépris et hauteur toute idée d'un travail mécanique, ont aussi le triste avantage de perpétuer leurs écarts insensés et leur délire.

TABLE DES MATIÈRES

Ouvrage composé par
Henri Duranton
Ateliers typographiques
de l'Université de Saint-Étienne

Achevé d'imprimé
sur les presses de Compo System
route de la Glande
69760 Limonest

Dépôt légal : novembre 1991